www.ingramcontent.com/pod-product-compliance
Lightning Source LLC
LaVergne TN
LVHW051109051026
849532LV00004BB/1489
* 9 7 8 9 3 5 8 7 2 0 0 3 7 *

ڈاکٹر رشید جہاں : حیات اور خدمات

(تحقیق و تنقید)

مصنف:

ادریس احمد خاں

© Taemeer Publications
Dr. Rasheed Jahan : Hayat aur Khidmaat
by: Idris Ahmed Khan
Edition: April '2023
Publisher & Printer:
Taemeer Publications, Hyderabad.

ISBN 978-93-5872-003-7
9 789358 720037

کتاب	:	**ڈاکٹر رشید جہاں: حیات اور خدمات**
مصنف	:	**ادریس احمد خاں**
صنف	:	تحقیق و تنقید
ناشر	:	تعمیر پبلی کیشنز (حیدرآباد، انڈیا)
زیرِ اہتمام	:	تعمیر ویب ڈیولپمنٹ، حیدرآباد
سالِ اشاعت	:	۲۰۲۳ء
تعداد	:	(پرنٹ آن ڈیمانڈ)
طابع	:	تعمیر پبلی کیشنز، حیدرآباد - ۲۴
صفحات	:	۱۲۰
سرورق ڈیزائن	:	تعمیر ویب ڈیزائن

ترتیب

	حرفِ اول / ڈاکٹر قمر رئیس	7
(۱)	ابتدائیہ	9
(۲)	حالاتِ زندگی	11
(۳)	ذہنی اور فنی ارتقا	32
(۴)	تخلیقات: ایک مختصر تعارف	52
(۵)	افسانے: تنقیدی مطالعہ	67
(۶)	متفرق تحریریں	92
(۷)	حقوقِ نسواں کی علم بردار	106
(۸)	اختتامیہ	113
(۹)	مآخذ	119

تعارف

ڈاکٹر رشید جہاں (۵ اگست، ۱۹۰۵ء - ۲۹ جولائی، ۱۹۵۲ء)، ہندوستان میں اردو کی ایک ترقی پسند مصنفہ، قصہ گو، افسانہ نگار اور ناول نگار تھیں، جنہوں نے خواتین کی طرف سے تحریری اردو ادب کے ایک نئے دور کا آغاز کیا۔ وہ پیشے سے ایک ڈاکٹر تھیں۔ رشید جہاں پہلی بار ۱۹۳۲ء میں زیر بحث آئیں جب ان کے افسانوں اور ڈرامے کا مجموعہ "انگارے" شائع ہوا۔

رشید جہاں سائنس کی طالبہ تھیں انہوں نے اپنی سائنسی بصیرت اور عملی واقعیت و تجربے سے کام لے کر سماج و معاشرے میں پھیلی ہوئی برائیوں کو دور کرنے کے لئے افسانہ جیسی صنف کو ذریعہ بنایا۔ وہ پہلی خاتون تھیں جو ترقی پسند تحریک کی نشوونما میں دیگر افسانہ نگاروں کے دوش بدوش آگے بڑھیں۔ ترقی پسند تحریک کے زیر سایہ متعدد خواتین نے شعر وادب کی آبیاری کی ہے لیکن اولیت کا شرف رشید جہاں کو حاصل ہے۔

رشید جہاں کو نہ صرف اس لحاظ سے اولیت حاصل ہے کہ وہ اردو ادب کی پہلی خاتون افسانہ نگار تھیں بلکہ اس لیے بھی ہے کہ قدامت پرستی کے خلاف نڈر ہو کر صدائے احتجاج بلند کرنے، سماج کی فرسودہ روایات، ذات پات اور نئی و پرانی نسل کے درمیان حائل پرانی گتھیوں کو سلجھانے اور خاص طور سے متوسط اور نچلے طبقے کی مسلم خواتین کی نفسیاتی پیچیدگی اور ان کی زندگی سے وابستہ مسائل کو اپنے افسانوں میں پیش کیا ہے۔ ڈاکٹر رشید جہاں جولائی ۱۹۵۲ء میں کینسر کا شکار ہوئیں۔ انہیں علاج کے لیے ماسکو لے جایا گیا جہاں ۱۳/ اگست، ۱۹۵۲ء کو ان کا انتقال ہوا۔

ادریس احمد خاں نے اپنی اس کتاب میں ڈاکٹر رشید جہاں کی زندگی و نیز ان کی سماجی و ادبی خدمات کا سیر حاصل جائزہ لیا ہے۔

حرفِ اوّل

اُردو ادب کی پہلی انقلابی مصنفہ ڈاکٹر رشید جہاں ماسکو سے چند میل کے فاصلہ پر وِڈنسکی نام کے سرسبز قبرستان کے ایک گوشہ میں ابدی نیند سو رہی ہے۔ اس کی اضطراب آسا شخصیت پیچ پرم 'شعلۂ جوالہ تھی' (جو اس کی ایک تصنیف کا نام ہے) وہ ایک باغی تھی۔ مصلح تھی۔ مسیحا تھی۔ اس نے قدامت پرستی کے ان تمام مظاہر کے خلاف نڈر ہو کر احتجاج کیا جو انسان کو اور عورت کو حیوان کی طرح جینے پر مجبور کر رہے تھے۔ اس نے اپنے کردار و عمل سے سماج کی اصلاح کا بیڑہ اٹھایا اور ایک جراح اور معالج کی حیثیت سے غریب اور کچلے ہوئے انسانوں کے علاج کو ترجیح دی۔ اس نے آزادی کے بعد بھی اقتدار پرستوں کے ظلم و استبداد کے خلاف علمِ بغاوت بلند کیا اور خاموشی سے قید و بند کی اذیتیں برداشت کیں۔

وہ ایک آزاد قلم افسانہ نگار اور صحافی تھی۔ اس نے اُردو افسانہ میں حقیقت نگاری اور انسان دوستی کی اُس برگزیدہ روایت کو ایک نیا رُخ دیا جس کی داغ بیل پریم چند نے ڈالی تھی۔ اس کے افسانے اور صحافتی مضامین شمالی ہند میں آزادیِ نسواں کا پہلا پرچم تھے۔ نام و نمود، انعام و اکرام اور شہرت سے بے نیاز، انتہائی سادگی، لگن اور محبت سے اپنے وطن کی، اس کے عوام کی خاموش خدمت کرنے والی رشید جہاں کی کہانی، ادریس احمد نے اسی سادگی اور عقیدت سے ان صفحات میں پیش کی ہے۔

لیکن اس کے لیے انھیں کئی سال تک بڑی تگ و دو کرنا پڑی۔ کتب خانوں کی خاک چھانی۔ رشید جہاں کی زندگی کے منتشر اوراق جمع کرنے کے لیے وہ ان کے اعزا اور احباب و شناسا سے ملے۔ ان کے کشکول میں سبھی نے کچھ نہ کچھ ضرور ڈالا۔ اس لیے کہ ہر وہ شخص جسے ان کی قربت یا شناسائی کا شرف حاصل ہوا وہ ان کی شخصیت کا گرویدہ ہو گیا۔ ادریس احمد خاں صاحب نے ان کی زندگی اور سماجی نیز ادبی خدمات کے بارے میں مواد حاصل کرنے میں محنت و کاوش کے علاوہ حزم و احتیاط سے بھی کام لیا ہے۔ اسے

اپنے تحقیقی شعور کی کسوٹی پر پرکھا ہے۔ چھان پھٹک کی ہے اور نہایت اختصار کے ساتھ ان کی زندگی اور شخصیت کا ایک سادہ، دلکش اور معتبر مرقع تیار کر دیا ہے۔ انھوں نے رشید جہاں کے نمائندہ افسانوں کا تعارف اس لیے کرایا ہے کہ عام قاری کو اب وہ دستیاب نہیں۔ اس کے بعد ہی انھوں نے ان کی کہانیوں کی فنی تکمیل کا تنقیدی جائزہ لیا ہے اور کوشش کی ہے کہ اپنے اس مطالعے میں وہ افراط و تفریط سے بچے رہیں تاکہ مصنفہ کے ساتھ انصاف ہو سکے۔

رشید جہاں عہدِ پریم چند کی افسانہ نگاری اور ترقی پسند افسانہ کی درمیانی کڑی ہیں۔ ادریس صاحب کے ہاتھوں ان کی دریافت گویا دو ادوار کے اسالیبِ فن کو جوڑنے والی ایک اہم اور معنی خیز کڑی کی دریافت ہے۔ امید ہے کہ اس کتاب کی اشاعت سے اردو افسانہ کے ارتقائی مدارج کی تصویر زیادہ شفاف اور روشن نظر آئے گی۔

(ڈاکٹر) قمر رئیس
پروفیسر شعبۂ اردو۔ دہلی یونی ورسٹی

ابتدائیہ

اُردو افسانوی ادب میں رشید جہاں کا نام کسی تعارف کا محتاج نہیں ہے۔ حالاں کہ انھوں نے اپنی سیاسی اور سماجی مصروفیات کے باعث بہت زیادہ تو نہیں لکھا اور جو کچھ بھی لکھا وہ سب شائع بھی نہ ہو سکا لیکن ان کی تحریریں اس زمانے کے روایتی انداز سے الگ تھیں۔ ان میں انفرادیت تھی اور وہ ایک جداگانہ پیغام لیے ہوئے تھیں۔ وہ ہندوستان کی پہلی ترقی پسند خاتون مصنف تھیں۔ انھوں نے ہندوستان میں انجمن ترقی پسند مصنفین کی تاسیس اور اس کی ترویج و ترقی کے لیے اپنی پوری زندگی صرف کر دی تھی۔ ترقی پسند تحریک سے ان کو جنون کی حد تک عشق تھا۔ جب کبھی جہاں بھی انجمن ترقی پسند مصنفین کے جلسے یا سمینار وغیرہ منعقد ہوتے وہ اپنے سارے کام چھوڑ کر ان کو کامیاب بنانے کی جی جان سے کوشش کرتی تھیں۔ وہ ایک عورت تھیں لیکن ایک مشکل اور نازک ترین دور میں انھوں نے عورتوں کی تعلیم اور ترقی کے خصوص میں علمِ بغاوت بلند کرنے میں اپنے مرد ساتھیوں کو کافی پیچھے چھوڑ دیا تھا۔ وہ ایک نڈر اور بے باک خاتون تھیں جس نے مرعوب یا خوفزدہ ہونا تو سیکھا ہی نہ تھا۔ یہی وجہ تھی کہ مصائب کے ایک طویل دَور سے گزرنے کے باوجود وہ اپنے موقف پر قائم رہیں۔

یہ تو نہیں کہا جا سکتا کہ رشید جہاں ایک عظیم افسانہ نگار تھیں لیکن آج جب بھی اُردو افسانے کی بابت گفتگو کی جاتی ہے تو 'انگارے' کے افسانوں اور رشید جہاں کا ذکر ضرور کیا جاتا ہے کیوں کہ اس ضمن میں ان کی خدمات ناقابلِ فراموش ہیں۔ اُردو ادب میں رشید جہاں

پہلی افسانہ نگار خاتون ہیں جنھوں نے عورت کے وجود کو اس کے مسائل کے تناظر میں ثابت کیا اور اس کی ذہنی اور نفسیاتی پیچیدگیوں کو قوتِ گویائی عطا کی۔ اور یہی چیز اس کتاب کی تصنیف کی محرک رہی ہے۔

یوں دیکھا جائے تو رشید جہاں پر کچھ لکھنا بظاہر آسان لگتا ہے لیکن چوں کہ ان پر بہت کم لکھا گیا ہے۔ اس لیے اس موضوع پر مواد کی فراہمی ایک دِقت طلب مسئلہ بن کر ابھری بلکہ شروع میں تو مایوسی ہی ہاتھ لگی کیوں کہ ان کے افسانوں کا ابتدائی مجموعہ نایاب تھا۔ "انگارے" کا ہاتھ لگنا اور بھی مشکل ثابت ہوا۔ بہر حال جہاں چاہ وہاں راہ کے مصداق دھیرے دھیرے مشکلات حل ہوتی گئیں۔ کرم فرماؤں کا تعاون حاصل ہوتا گیا جنھوں نے نہ صرف مواد کی فراہمی میں مدد کی بلکہ ان ذرائع کی نشاندہی بھی کی جہاں سے مواد حاصل ہو سکتا تھا۔ اسی سلسلے میں، میں سب سے پہلے ڈاکٹر قمر رئیس صاحب پروفیسر شعبۂ اردو دہلی یونی ورسٹی کا تہہ دل سے شکر گزار ہوں جنھوں نے رشید جہاں کے بارے میں مجھے نہ صرف گراں قدر معلومات سے نوازا بلکہ کچھ نایاب کتب بھی فراہم کیں۔ ڈاکٹر صادق شعبۂ اردو، دہلی یونی ورسٹی نے بھی قدم قدم پر میری رہنمائی فرمائی ہے اس کے لیے وہ بھی میرے مشکور ہیں۔ کہنا غلط نہ ہوگا کہ اگر ان دونوں حضرات کا تعاون حاصل نہ ہوتا تو شاید میں اس کتاب کو رقم کرنے میں کامیاب نہ ہو سکتا۔

اسٹیون ایم پولوس نے غیر ملک میں رہتے ہوئے بھی میری جو رہنمائی فرمائی ناسپاسی ہوگی اگر میں ان کا شکریہ ادا نہ کروں۔ جناب پولوس امریکہ میں قیام پذیر ہیں ایک محقق ہیں ورشید جہاں پر ان کا مقالہ ایک قابلِ قدر تصنیف ہے۔ ان کے علاوہ ضیاء الدین صاحب، انچارج رسائل و جرائد سیکشن، مولانا آزاد لائبریری مسلم یونی ورسٹی علی گڑھ نے بھی میری کافی مدد کی۔ میں ان کا بھی ممنون ہوں کہ انھوں نے نہ صرف کچھ قیمتی کتب کی فراہمی میں آسانی بہم پہنچائی بلکہ رشید جہاں کے بھائی جناب محسن عبداللہ سے میری ملاقات کا انتظام بھی کیا۔ جناب محسن عبداللہ سے مجھے مفید معلومات اور دیگر متعلقہ افراد کے پتے بھی دستیاب ہوئے جن میں مرحومہ ڈاکٹر سعیدہ حمید الظفر محترمہ شیلا حیدر، اور محترمہ قمر ین کے نام قابلِ ذکر ہیں۔ میں تعاون کے لیے ان سب حضرات کا ایک بار پھر شکریہ ادا کرتا ہوں۔

ا۔ا۔ خاں

حالاتِ زندگی

بیسویں صدی کے اوائل تک علی گڑھ کو ایک بڑے تعلیمی مرکز کی حیثیت حاصل ہو چکی تھی۔ مسلمانوں کی سماجی بدحالی اور تعلیمی پسماندگی کو دور کرنے کے لیے سرسید اور ان کے رفقا کی اَن تھک بے لاگ کوششیں بارآور ہونے لگی تھیں۔ علی گڑھ تحریک میں جو علما اور پرجوش نوجوان شریک ہوئے تھے ان میں شیخ عبداللہ کا نام سرفہرست ہے اور بقول پروفیسر رشید صدیقی "سرسید کے بعد اگر کسی شخص کا واحد نام ہمارے ذہن میں آتا ہے تو وہ شیخ صاحب شیخ عبداللہ ہیں۔ شیخ صاحب کے مسلم قوم پر جو بیش بہا احسانات ہیں اس سے علی گڑھ تحریک کا کوئی طالب علم انکار نہیں کرسکتا۔"

شیخ عبداللہ پونچھ (کشمیر) کے ایک باحیثیت زمیندار گھرانے سے تعلق رکھتے تھے۔ وہ کشمیری برہمن تھے اور بعد میں مسلمان ہو گئے تھے۔ ان کو اپنے دادا سے خاص اُنسیت تھی جن کی شخصیت ہمدردی، اخلاص، فیاضی اور انسانی دوستی کے جذبات سے معمور تھی۔ دادا کے ان اوصاف کا شیخ صاحب کی شخصیت پر بہت گہرا اثر پڑا۔ باکمال اساتذہ کی صحبت سے فیض اٹھانے کے علاوہ انھیں ایک عالم کامل حکیم نورالدین کی شاگردی میں آنے کا بھی موقع ملا۔ جن کی محفل میں علما کا مجمع رہتا تھا۔ شیخ عبداللہ کو اسلامی تعلیمات پسند آنے لگیں اور انھیں یقین ہو گیا کہ اسلام ہی سارے مسائل کا واحد حل ہے۔ لہٰذا انھوں نے مذہب اسلام اختیار کر لیا۔

شیخ صاحب کے جذبۂ خدمتِ خلق کی پرورش سرسید کی مقناطیسی شخصیت کے زیرِ سایہ ہوئی تھی۔ اس حقیقت کا اعتراف خود اُن کو بھی تھا اور اُن کے ہی الفاظ میں "میرے پاس جو کچھ بھی ہے اسی در کا طفیل ہے"۔ قومی مفاد کو ذاتی مفاد پر ترجیح دینے کا سبق انھوں نے سرسیدؔ ہی سے سیکھا۔ ان کی بے لوث خدمات اور خلوص، ہمدردی اور انسان دوستی سے معمور رنگارنگ شخصیت نے ۱۹۰۴ء تک علی گڑھ تحریک کے رہنماؤں کے دِلوں میں گھر کر لیا تھا۔ ۲۹ سال کی عمر میں انھوں نے تعلیمِ نسواں کی ترقی کا بیڑا اٹھایا۔ نتیجتاً تحریک کے حامیوں اور مخالفوں دونوں نے ہی ان کو اپنے حملوں کا نشانہ بنانا شروع کر دیا کیوں کہ یہ وہ دَور تھا جب تعلیمِ نسواں صرف قرآن شریف، بہشتی زیور، نور نامہ یا اسی قسم کی معدودِ چند مذہبی کتب یا اُردو کی ابتدائی کتب تک محدود تھی۔ اس کے علاوہ راشدالخیری کی "صبحِ زندگی"، "شامِ زندگی"۔ حالیؔ کی "مناجاتِ بیوہ" اور رسالہ جات میں "تہذیبِ نسواں" یا "عصمت" وغیرہ قابلِ مطالعہ سمجھے جاتے تھے۔ اس کا تصور بھی محال تھا کہ لڑکیوں کو گھر کی چہار دیواری سے باہر جدید تعلیم حاصل کرنے کے لیے بھیجا جائے۔ سرسیدؔ اور ان کے رفقا کو مسلم نوجوانوں میں جدید تعلیم کو رواج دینے کی کوششوں کے نتیجے میں ہر طرف سے لعن طعن کا سامنا کرنا پڑ رہا تھا۔ لہٰذا ایسے نازک دَور میں لڑکیوں کے لیے جدید تعلیم کی بات کرنا ایک گناہِ عظیم سے کم نہ تھا۔ لیکن شیخ عبداللہ نے اِس شدید مخالفت کے باوجود ہمت نہیں ہاری اور تعلیمِ نسواں کی تحریک کو آگے بڑھانے میں سرسیدؔ سے رہنمائی حاصل کرتے رہے۔

ابتدا میں شیخ عبداللہ نے تعلیمِ نسواں کو رواج دینے کے سلسلے میں ملک کے ممتاز اخبارات و رسائل میں مضامین لکھنا شروع کیے اور ان کے مختلف پہلوؤں کو اجاگر کرنے کے لیے کتابچے بھی تقسیم کرائے۔ اس کے علاوہ مسلم ایجوکیشنل کانفرنس کے پلیٹ فارم سے بھی فائدہ اٹھایا۔ یہاں تک کہ ذاتی خرچ پر اپنی ہی ادارت میں ایک رسالہ "خاتون" بھی جاری کیا جس میں ملک کے نامور رہنماؤں اور خاص طور پر تعلیم یافتہ خواتین کے مضامین شائع ہوتے تھے۔ بعد ازاں ۱۹۱۴ء میں شیخ صاحب کی سرپرستی اور رہنمائی میں مسلم لیڈیز کانفرنس کا قیام عمل میں آیا۔ خود شیخ عبداللہ کی رہائش گاہ پر اکثر و بیشتر خواتین کے جلسے منعقد ہوتے تھے۔ جس میں

تعلیم و تربیت سے بے بہرہ ان مسلم عورتوں کے مسائل اور ان کے حل سے متعلق مباحثے ہوتے تھے جو فرسودہ رسم و رواج کی شکار ہوکر ذہنی و فکری طور پر بچھڑ گئی تھیں اور جو زندگی کی بدلتی ہوئی قدروں اور اس کے موجودہ تقاضوں، ملکی مسائل اور ملک کی ترقی میں خود اپنی اہمیت سے قطعی لاعلم تھیں۔

شیخ عبداللہ اپنے دور کے مشہور سماجی کارکن، مصلح اور ماہرِ تعلیم تھے۔ علی گڑھ میں مسلم گرلز اسکول اور ویمنس کالج کی بنیاد ڈال کر انھوں نے ایک جرأت مندانہ قدم اٹھایا۔ اس ضمن میں ان کی اَن تھک خدمات کا اعتراف کرتے ہوئے ایس۔ اے بلرامی رقم طراز ہیں:

> "شیخ عبداللہ کا سب سے بڑا کارنامہ یہ ہے کہ ان کی وجہ سے مسلم خواتین میں بیداری کی ایک لہر دوڑ گئی انھوں نے ایک چھوٹے سے مدرسہ کو جو ۱۹۰۷ء میں قائم ہوا تھا اپنی ہمت اور حوصلے سے ایک ممتاز گرلز کالج کے درجے تک پہنچا دیا۔ شیخ صاحب نے اس کام میں جو خوائین کی رہبری کی اس سے متاثر ہوکر ان کو پاپا میاں کے معزز لقب سے نوازا گیا جو ان تمام خطابات اور اعزازات سے برتر ہے جو انھیں حکومت اور قوم کی طرف سے خان بہادر، ڈاکٹر آف لاز اور پدم بھوشن کی شکل میں ملے[1]"

اسی علم و دانش کے گہوارے میں ۲۵ اگست ۱۹۰۵ء کو رشید جہاں نے آنکھ کھولی۔ وہ اپنے سات بہن بھائیوں میں سب سے بڑی تھیں۔ ان کی والدہ وحید جہاں بیگم جو اعلیٰ بی کے نام سے مشہور تھیں، تعلیم نسواں کی بہت بڑی حامی تھیں۔ انھوں نے گرلز اسکول کی تاسیس میں اپنے شوہر کی خوب ہمت افزائی کی۔ یہاں تک کہ انھوں نے اپنا گھر بار چھوڑ کر اسکول بورڈنگ میں رہائش اختیار کرلی تاکہ بذاتِ خود وہاں کی نگرانی کرسکیں اور ان کی موجودگی سے ان ماؤں کو بھی تقویت رہے جن کی لڑکیاں وہاں تعلیم حاصل کرنے

---

[1] ایس۔ اے۔ بلرامی ــــ "پاپا میاں" (مضمون قومی آواز ۱۹۹۰ء نئی دہلی)

کے سلسلے میں مقیم تھیں۔

رشید جہاں کی ابتدائی تعلیم اسی اسکول میں ہوئی جو ان کی پیدائش کے ایک سال بعد ۱۹۰۶ء میں قائم کیا گیا تھا[1] اور اپنے گھر کے ماحول کے بارے میں خود ان کا کہنا تھا:

"ہم نے جب سے ہوش سنبھالا ہے ہمارا تو تعلیم نسواں کا اوڑھنا ہے اور تعلیم نسواں کا بچھونا ہے"[2]

اس پس منظر میں دیکھا جائے تو رشید جہاں اگر کم عمری میں ہی اپنے ملک وقوم کے مسائل سے دلچسپی لینے لگی تھیں اور قومی تحریک سے متاثر ہونے لگی تھیں تو کوئی تعجب کی بات نہیں تھی۔ جب وہ چودہ سال کی تھیں تو برطانوی طریقۂ تعلیم کے خلاف اپنی مہم کے سلسلے میں مہاتما گاندھی نے علی گڑھ کا دورہ کیا۔ رشید جہاں ان سے اس درجہ متاثر ہوئیں کہ انھوں نے اسی زمانے سے کھدر پہننا شروع کر دیا

۱۹۲۲ء میں رشید جہاں نے ہائی اسکول پاس کیا اور لکھنؤ چلی آئیں جہاں انھوں نے ازابیلا تھوبرن کالج میں انٹرمیڈیٹ (سائنس) میں داخلہ لیا۔ وہ شروع سے ہی ایک شرارتی مگر ایک ذہین طالبہ تھیں۔ ان کو بچپن ہی سے نہ صرف ادبیات سے گہرا تعلق تھا بلکہ تصنیف وتالیف کا بھی شوق تھا۔ غالباً اس کی ایک بڑی وجہ وہ ماحول تھا جس میں ان کی پرورش ہوئی تھی چنانچہ اٹھارہ سال کی عمر میں جب کہ وہ ابھی انٹرمیڈیٹ میں ہی تھیں، انھوں نے معاشرتی موضوع پر ایک انگریزی کہانی "سلمیٰ" لکھی جو کالج سے شائع ایک مجموعے " THE TOM TOM BEATS " میں شائع ہوئی تھی۔

۱۹۲۴ء سے ۱۹۲۹ء تک رشید جہاں لیڈی ہارڈنگ میڈیکل کالج نئی دہلی کی طالبہ رہیں۔ حالاں کہ اس عرصے میں انھوں نے کوئی تعلیمی اعزاز تو حاصل نہیں کیا لیکن دوران تعلیم کبھی ناکام بھی نہیں رہیں۔ ذہانت اور بذلہ سنجی ان میں کوٹ کوٹ کر بھری ہوئی تھی اور وہ ایک قوی حافظہ کی

---

[1] بعض جگہ گرلز اسکول کی تاسیس کا سال ۱۹۰۶ء بھی لکھا گیا ہے۔

[2] ڈاکٹر حمیدہ سعید الظفر۔ "رشیدہ آپا" (مضمون) شعلہ حوالہ صفحہ نمبر، سن اشاعت درج نہیں۔

مالک بھی تھیں۔ ان کی شخصیت کی شگفتگی، دلکشی اور رعنائی کی وجہ سے ان کے زمانے کے طلبا اور اساتذہ آج تک انھیں یاد کرتے ہیں۔

لیڈی ہارڈنگ کالج کے دوران تعلیم انھوں نے ایک ڈرامے میں ہدایت بھی دی جو کافی مقبول ہوا۔ اس طرح میڈیکل کالج میں تعلیم کے ساتھ ان کی ادبی سرگرمیاں بھی جاری رہیں۔ ۱۹۲۹ء میں انھوں نے ایم۔ بی۔ بی۔ ایس کی ڈگری حاصل کی جس کے بعد وہ یو۔ پی میڈیکل سروسز کے لیے منتخب کر لی گئیں۔ ان کا پہلا تقرر کانپور میں ہوا۔ بعد ازاں وہ بلند شہر اور لکھنؤ میں بھی تعینات کی گئیں۔

۱۹۳۱ء میں لکھنؤ کی تقرری کے دوران ان کی ملاقات سجاد ظہیر، احمد علی، اور محمود الظفر سے ہوئی۔ یہ پرجوش لوگ اعلیٰ ادبی ذوق کے مالک تھے اور ملک کے سماجی اور سیاسی حالات کے بارے میں ترقی پسند خیالات کے حامی تھے۔ نومبر ۱۹۳۲ء میں ان نوجوان ادیبوں کے افسانوں کا مجموعہ "انگارے" لکھنؤ سے شائع ہوا اس میں رشید جہاں کی دو تخلیقات "پردے کے پیچھے" اور "دلی کی سیر" بھی شامل تھیں۔ اس مجموعے میں شائع تخلیقات انقلابی اور غیر روایتی انداز لیے ہوئے تھیں جس کا عوامی سطح پر نہایت ہی شدید ردِ عمل ہوا اور نتیجتاً حکومت نے اس کو ضبط کر لیا۔

سجاد ظہیر، احمد علی، محمود الظفر اور لکھنؤ میں دوسرے ہم خیال لوگوں سے رابطے کے باعث رشید جہاں کو مارکسزم اور کمیونسٹ پارٹی کو سمجھنے کا موقع ملا۔ لہٰذا اکتوبر ۱۹۳۴ء میں انھوں نے ہندوستان کی کمیونسٹ پارٹی میں شمولیت اختیار کر لی۔ یہی وہ زمانہ تھا جب رشید جہاں اور محمود الظفر ایک دوسرے کے قریب آئے۔ اس زمانے میں وہ بہرائچ میں تعینات تھیں جہاں ۱۴ اکتوبر ۱۹۳۴ء کو یہ لوگ ازدواجی زندگی کے بندھن میں بندھ گئے۔

محمود الظفر اپنی دلہن کو دہرہ دون اپنے والدین کے پاس لے آئے جہاں وہ ان دنوں ریٹائرمنٹ کی زندگی گزار رہے تھے۔ دہرہ دون میں محمود الظفر کے والدین نے ایک شاندار استقبالیہ کا انتظام کیا۔ لیکن رشید جہاں نے اپنے مزاج کی سادگی کے باعث اس استقبالیہ میں بھی دلہن کا روایتی اور بھڑک دار لباس پہننے سے انکار کر دیا اور اس طرح

ایک غیر روایتی دلہن کی مثال قائم کی۔ یہاں تک کہ انھوں نے اپنے آپ کو دُلہن بیگم یا بھابھی کہلوانا بھی پسند نہیں کیا۔ ان کا اصرار تھا کہ ان کے ساس اور سُسر اور دوسرے بزرگ ان کو رشیدہ جب کہ دوسرے لوگ رشیدہ آپا کے نام سے پکاریں۔ ان کی ساس پُرانے رسم و رواج کی پابند تھیں لہٰذا وہ ان کی باتوں پر خاصی متحیّر بھی ہوئیں لیکن ان کے سُسر کبھی اس پر معترض نہ ہوئے کیوں کہ وہ بدلتی روایات سے بخوبی واقف تھے۔

شادی کے وقت محمود الظفر ایم۔ اے۔ او کالج امرتسر میں وائس پرنسپل کے عہدے پر فائز تھے اس لیے رشید جہاں نے صوبائی میڈیکل سروس سے استعفیٰ دے دیا اور امرتسر چلی آئیں جہاں انھوں نے پہلی بار نجی پریکٹس شروع کی۔

۱۹۳۶ء میں منشی پریم چند کے زیرِ صدارت لکھنؤ میں ترقی پسند ادیبوں کی پہلی کانفرنس منعقد ہوئی۔ اس کانفرنس میں رشید جہاں اور محمود الظفر دونوں نے شرکت کی۔ پریم چند سے ملاقات کے بعد رشید جہاں ان سے بہت متاثر ہوئیں۔ حالاں کہ اس سے پہلے جنوری ۱۹۳۶ء میں رشید جہاں پہلی بار ان سے الہ آباد میں مل چکی تھیں۔ لیکن یہ ملاقات بہت مختصر تھی جس کی تشنگی نے ایک اور ملاقات کی آرزو پیدا کر دی تھی۔ وہ خود لکھتی ہیں:

> "مجھے منشی پریم چند کے صدر بننے سے زیادہ ان سے پھر ملنے کے خیال سے خوشی ہو رہی تھی میں یہ معلوم کرنا چاہتی تھی کہ یہ انسان جو سیدھی سادی طرح اتنی کٹھن باتیں کہہ جاتا ہے وہ ہے کیا؟ گھنٹے بھر کی ملاقات میں میں کوئی اندازہ نہ لگا سکی تھی۔ لہٰذا پھر ملنے کی خواہش تھی۔"

۱۹۳۷ء میں لاہور سے ان کی نو کہانیوں کا مجموعہ "عورت اور دیگر افسانے" کے نام سے شائع ہوا۔ اسی سال رشید جہاں اور محمود الظفر نے انگلستان کا سفر کیا۔ دراصل اس سفر کا مقصد ان کے گلے کے غدودوں کا علاج کرانا تھا۔ ان دنوں ان کے گلے کے غدود بڑھ گئے تھے جس کی وجہ سے وہ بہت کمزور ہو گئی تھیں۔ نومبر ۱۹۳۷ء میں یہ لوگ یورپ کے

سفر سے واپس لوٹے جس کے بعد محمود الظفر نے مکمل طور پر سیاسی کاموں میں حصہ لینے کا فیصلہ کیا۔ لہٰذا امرتسر میں اپنی ملازمت سے استعفیٰ دے کر وہ رشید جہاں کے ساتھ دہرہ دون چلے آئے۔

دہرہ دون میں محمود الظفر کے گھر "نسرین" کا ماحول خاصا روایتی تھا۔ مگر رشید جہاں پر کبھی زور نہیں دیا گیا کہ وہ گھر کے معمولات کی پابندی کریں۔ ان کے اوقات کا بیشتر حصہ گھر کے باہر گزرتا تھا۔ اگر کبھی ان کی ساس دوپہر یا رات کے کھانے کے وقت گھر آنے پر اصرار کرتیں تو ان کا جواب یہی ہوتا تھا کہ وہ گھر اور وقت کی قیدی کبھی نہ بن پائیں گی لہٰذا ان کا انتظار نہ کیا جائے۔ اس کے باوجود وہ گھر پر صبح کی چائے کے اوقات کی پابندی کیا کرتی تھیں۔

۱۹۳۸ء اور ۱۹۴۲ء کے درمیان انھوں نے بہت سے افسانے، ڈرامے اور مضامین لکھے۔ ان میں سے چند نیا ادب اور اس زمانے کے دوسرے رسائل میں شائع بھی ہوئے لیکن زیادہ تر غیر مطبوعہ ہی رہے۔ انھوں نے مختلف رسائل کے لیے سیاسی تحریریں بھی لکھیں اور محمود الظفر کے اشتراک سے ۱۹۳۸ء کے آخر میں ایک سیاسی اردو رسالہ "سنگار" بھی شائع کیا۔

۱۹۴۲ء میں وہ لکھنؤ چلی آئیں اور میڈیکل کالج میں ماہر امراض نسواں کی حیثیت سے پریکٹس شروع کی۔ ان دنوں وہ بشیشر ناتھ روڈ پر رہا کرتی تھیں۔ اپنے مزاج کی شگفتگی، لگن، محنت اور فرض شناسی کے باعث وہ وہاں جلد ہی مقبول ہو گئیں۔ کچھ عرصے کے لیے انھوں نے لکھنؤ میڈیکل کالج میں ہی امراض نسواں کی لکچرر کی حیثیت سے بھی کام کیا۔

۱۹۴۷ء میں آزادی حاصل کرنے کے بعد کانگریس حکومت نے کمیونسٹ پارٹی کو ہندوستان میں غیر قانونی قرار دے دیا۔ لہٰذا حالات سے مجبور ہو کر ۱۹۴۸ء میں محمود اور دیگر کمیونسٹ رہنماؤں کو روپوش ہو جانا پڑا۔ اس وقت محمود کمیونسٹ پارٹی کی یوپی شاخ کے جنرل سکریٹری تھے۔ خود رشید جہاں بھی لگ بھگ تین ماہ کے لیے مارچ سے مئی ۱۹۴۹ء تک جیل میں رہیں۔ انھوں نے یوپی میں ریلوے کے خلاف ایک ہڑتال میں حصہ لیا تھا جس کی وجہ سے ریلوے قریب قریب مفلوج ہو گئی تھی۔ اس روپوشی کے زمانے میں پارٹی کی کل

ذمہ داری ان کے سر آپڑی۔ مالی امداد مہیا کرانے کے علاوہ وہ پارٹی کے لیے دیگر اشیا بھی فراہم کرتی تھیں۔ یہاں تک کہ اگر کوئی کارکن بیمار پڑ جاتا تو اس کی تیمار داری اور علاج بھی ان کے ذمہ ہوتا۔ ان دنوں انھوں نے اپنی ضروریات کو بالکل محدود کر لیا تھا۔ کام کی زیادتی کے باعث انھیں بالکل آرام نہیں مل پاتا تھا نتیجتاً ان کی صحت برابر گرتی گئی۔ اس کے باوجود وہ نہایت ہی جانفشانی کے ساتھ کام میں لگی رہتی تھیں۔ انھیں اپنے کام سے عشق کی حد تک لگاؤ تھا۔ دوسروں کی بھلائی اور خدمت کے جذبے سے وہ اس قدر سرشار تھیں کہ انھیں کبھی اپنے ذاتی معاملات کے بارے میں سوچنے کا خیال بھی نہ آیا۔ سیاسی سرگرمیوں کے ساتھ ہی ان کے ادبی اور طبی مشاغل بھی جاری رہے۔ بیماری کی حالت میں بھی انھوں نے بہت سے ڈرامے اور افسانے لکھے۔ جن میں سے بیشتر لکھنؤ اور دہلی ریڈیو اسٹیشنوں سے بھی نشر ہوئے۔ بعض ڈراموں کی ہدایت کاری کے فرائض بھی انھوں نے انجام دیے۔ ایک ناول کا خاکہ بھی ان کے ذہن میں تھا جس کا ذکر اکثر وہ کیا کرتی تھیں مگر شاید اپنی حد سے بڑھی ہوئی مصروفیات یا بیماری نے ان کو اتنی مہلت ہی نہ دی کہ وہ اپنے اس منصوبے کو عملی جامہ پہنا سکتیں۔ لکھنؤ میں ایک اسپتال کا قیام بھی ان کے کارناموں میں شامل تھا۔ اس اسپتال میں صرف مستحق مفلس لوگوں کو ہی داخلہ ملتا تھا۔ ان نیک کاموں میں ان کے دوستوں نے بھی بلا معاوضہ مقدور بھر مدد کی۔ ان دوستوں میں مختلف امراض کے ماہرین بھی شامل تھے۔ جنھوں نے اس اسپتال کو چلانے میں اپنا قیمتی تعاون دیا۔

سنہ ۱۹۵۰ء کے موسم گرما میں معلوم ہوا کہ ان کو سرطان ہے۔ ڈاکٹر بار جس نے ٹاٹا میموریل اسپتال بمبئی میں ان کا آپریشن کیا۔ لیکن اٹھارہ ماہ بعد یعنی مارچ سنہ ۱۹۵۲ء میں مرض نے دوبارہ سر اٹھایا۔ اس بار ڈاکٹر بار جس نے علاج کے سلسلے میں قطعی معذوری ظاہر کی کیوں کہ مرض خطرناک حد تک بڑھ چکا تھا۔ لہٰذا ڈاکٹر بالیگا کے مشورہ پر محمود الظفر نے انھیں ماسکو لے جانے کا فیصلہ کیا۔ وہ اپنی نازک حالت سے بخوبی واقف تھیں اور بے حد کمزوری کی وجہ سے ان کے لیے یہ سفر نہایت دشوار بھی تھا۔ لیکن ان حالات کے باوجود انھوں نے وہاں جانے کی اس لیے حامی بھر لی کہ اسی بہانے سے محمود الظفر کو ماسکو دیکھنے کا موقع مل جائے گا۔

ایسے موقعے پر بھی جب سرطان کا زہر برابر ان کے شکم میں سرایت کر رہا تھا وہ دوسروں کے لیے زیادہ فکرمند تھیں۔ ان کا کہنا تھا:

"میں یہ بات اچھی طرح جانتی ہوں کہ میرا مرض لاعلاج ہو چکا ہے اور اس سلسلے میں روسی ڈاکٹر بھی کچھ نہیں کر سکتے۔ لیکن میں چاہتی ہوں کہ محمود کو میرے علاج کے سلسلے میں کوئی حسرت باقی نہ رہ جائے اور وہاں جانے سے یہ فائدہ بھی ہوگا کہ میرے جسم پر روسی ڈاکٹروں کو تجربہ کرنے کا موقع ملے گا۔ ممکن ہے اس سے کوئی نئی بات معلوم ہو اور انسانیت کو فائدہ پہنچے۔[1]"

بہرحال انھوں نے اپنی قوتِ ارادی اور بے پناہ جرأت سے اس سفر کا آغاز کیا۔ اس زمانے میں ماسکو کا سفر تین روز کا تھا اور راستے میں دو جگہ ہوائی جہاز بھی بدلنا پڑتا تھا لیکن ان تکالیف کو انھوں نے صرف دوسروں کی فلاح و بہبود کی خاطر برداشت کیا جب کہ بحیثیت ایک ڈاکٹر ایسے لاعلاج مرض کی نوعیت سے وہ بہرکیف واقف تھیں۔ لیکن وہاں پہنچ کر بھی کچھ نہ ہو سکا۔ روسی ڈاکٹر اس کے علاوہ کچھ نہ کر سکے کہ ان کو ہر ممکن طریقے سے آرام پہنچائیں۔ روس پہنچنے کے تقریباً تین ہفتے کے اندر ۲۹ر جولائی ۱۹۵۲ء کو وہ اس جہانِ فانی سے کوچ کر گئیں۔ اس وقت ان کی عمر ۴۷ سال تھی۔ ان کی آخری آرام گاہ ماسکو میں ویڈنسکی گورستان بنا۔ ان کی خواہش بھی یہی تھی کہ ان کی آرام گاہ ماسکو ہی بنے۔ بقول سلام مچھلی شہری:

"مجھے کامریڈ چودھری کی بتائی ہوئی آپا کی آخری وصیت یاد آرہی ہے کہ — جو کچھ ہونا ہے وہ ماسکو میں ہی ہوئے۔[2]"

رشید جہاں کی موت کو ایک جاں گداز حادثہ قرار دیتے ہوئے سویرا شمارہ ۱۳ نے اپنے ادارتی نوٹ میں لکھا تھا کہ عورت ہونے کے باوجود انھوں نے وہ کچھ کیا جو بہت

---

[1] ڈاکٹر حمیدہ سعید الظفر۔ رشیدہ آپا (مضمون) شعلۂ جوالہ صفحہ ۵ لکھنؤ۔ سنِ اشاعت درج نہیں۔

[2] سلام مچھلی شہری۔ "شمع بجھ کر سرخ تارا بن گئی" (مضمون) شاہراہ، اکتوبر ۱۹۵۲ء صفحہ ۵۶ دہلی۔

سے مرد نہیں کرسکے۔ رشید جہاں کو خراجِ عقیدت پیش کرنے کے لیے ۱۲؍ اگست ۱۹۵۲ء کو لکھنؤ میں ایک تعزیتی جلسے کا اہتمام کیا گیا۔ اس جلسے میں آل احمد سرور نے اپنے تاثرات پیش کرتے ہوئے کہا:

"ڈاکٹر رشید جہاں کی بے وقت موت سے زندگی کے مختلف شعبوں کو نقصان پہنچا ہے۔ وہ ایک کامیاب افسانہ نگار، ہمدرد ڈاکٹر اور اس سے بھی زیادہ سرگرم سماجی کارکن تھیں۔ وہ زندگی بھر سچائی کی فتح اور ایک بہتر نظامِ حیات کے لیے لڑتی رہیں۔ اس کے لیے انھوں نے قید و بند کے مصائب بھی جھیلے، مالی پریشانیاں بھی برداشت کیں اور اپنی صحت کو بھی برباد کر ڈالا لیکن جس منزل کی طرف انھوں نے قدم اٹھائے اس کی طرف برابر بڑھتی گئیں۔[1]"

ان کے فکر و تدبر اور عالی ہمتی کے بارے میں اپنے خیالات کا اظہار کرتے ہوئے مشہور صحافی اور افسانہ نگار حیات اللہ انصاری نے اسی موقعے پر کہا:

"ان کی سب سے بڑی خوبی ان کا تفکر تھا۔ وہ ہفتوں ایک مسئلے پر غور کر کے رائے قائم کیا کرتی تھیں۔ وہ مخالف کی بات بھی سنا کرتی تھیں اور ان میں جو محبت تھی وہ آج کل کی خواتین میں کیا مردوں میں بھی نہیں پائی جاتی۔[2]"

ان کے انتقال پر لکھنؤ کے شہریوں نے انگریزی میں ایک قرارداد پیش کی جس میں کہا گیا تھا:

" RASHEEDA WAS NOT AN INDIVIDUAL, SHE WAS AN INSTITUTION IN HERSELF AND VOID CREATED BY HER PREMATURE DEATH AT AN EARLY AGE OF

---

[1] سلام مچھلی شہری۔ شمع بجھ کر سرخ تارا بن گئی (مضمون) شاہراہ اکتوبر ۱۹۵۲ء صفحہ ۲۵ دہلی مرتبہ پرکاش پنڈت۔

[2] ایضاً۔

46 IS DIFFICULT TO FILL " [1]

ماہنامہ "آج کل" دہلی نے ان کے انتقال کی خبر شائع کرتے ہوئے اُن کی خدمات کا اعتراف ان الفاظ میں کیا :

"ڈاکٹر رشید جہاں کی موت سے صرف دنیا کے ادب کو ہی صدمہ نہیں پہنچا بلکہ سماجی ماحول میں بھی ایک خلا پیدا ہوگیا ہے۔ ایک بلند پایہ افسانہ نگار ہونے کے علاوہ آپ ایک فرض شناس لیڈی ڈاکٹر بھی تھیں اور ایک ایسی لیڈی ڈاکٹر جو اکثر کم استطاعت مریضوں کا علاج بھی اپنی گرہ سے کرتی تھیں ڈاکٹری آپ کے لیے روپیہ کمانے کا ذریعہ نہ تھا بلکہ ایک مشن کی حیثیت رکھتا تھا۔ اس دور میں اتنا بڑا وصف اگر نایاب نہیں تو کمیاب ضرور ہے[2]۔"

ایک ڈاکٹر روز ہی موت و زیست کی کشمکش کو دیکھتے دیکھتے بالعموم بے حس اور بے رحم ہو جاتا ہے اور ایک ایسا وقت بھی آتا ہے جب مریض اس کے لیے ایک کیس اور روپیہ بنانے کی مشین بن جاتا ہے۔ لیکن رشید جہاں کا مزاج کبھی اس طرح کا نہ بن سکا۔ کیوں کہ ڈاکٹری کا پیشہ ان کی منزلِ مقصود نہ تھا۔ یہی وجہ تھی کہ یہ پیشہ کبھی ان کا حاصلِ زندگی نہ بن سکا بلکہ زندگی کا صرف ایک شعبہ ہی رہا۔ انھوں نے کبھی پیشہ ورانہ ہتھکنڈے نہیں آزمائے۔ کیوں کہ ان کی فطرت ان سب باتوں سے کوسوں دُور تھی۔ ان کی نرس اگر کبھی ان کو اس قسم کے "گُر" بتاتی بھی تھی تو وہ انھیں ایک کان سے سُن کر دوسرے کان سے اُڑا دیتی تھیں۔ دراصل ان کا رجحان طب کے عملی اور سماجی پہلو کی طرف زیادہ تھا کیوں کہ ان کو بخوبی علم تھا کہ بیماریوں کا تعلق جسم سے ہی نہیں بلکہ دماغ اور حالات سے بھی ہوتا ہے۔ اس بات کی وضاحت مندرجۂ ذیل مثال سے ہو جاتی ہے۔

ایک بار جب وہ میڈیکل کالج میں چوتھے سال کی طالبہ تھیں تو ایک نوجوان لڑکی کو اسپتال کے شعبۂ امراضِ چشم میں داخل کیا گیا۔ اس کی آنکھوں میں کوئی خرابی نہ تھی بلکہ اس نے اپنی

---

[1] سلام مچھلی شہری "شمع بجھ کر سرخ تارا بن گئی" (مضمون) شاہراہ۔ اکتوبر ۵۲ء۔ دہلی۔
[2] ماہنامہ آج کل دہلی۔ اکتوبر ۱۹۵۲ء

آنکھوں میں سہواً کوئی نقصان دہ چیز استعمال کرلی تھی۔ صحتیاب ہونے پر اس نے اسپتال چھوڑنے سے انکار کردیا۔ جب اس کو مجبور کیا گیا تو وہ رشید جہاں کے پاس آئی اور ان کو بے کم و کاست سارا ماجرا سنایا۔ خلاصہ یہ تھا کہ لڑکی اپنے والد کے ظلم و ستم سے پریشان تھی اور مجبور ہوکر بیماری کے بہانے گھر سے نکل آئی تھی۔ وہ اب اس بات پر مصر تھی کہ اگر اس کو گھر واپس جانے پر مجبور کیا گیا تو وہ گھر کے بجائے کہیں بھی دوسری جگہ چلی جائے گی۔ رشید جہاں اسی دن اس کو ساتھ لے کر علی گڑھ چلی آئیں۔ بعد میں اعلیٰ بی کی سرپرستی میں اس نے مفت تعلیم حاصل کی اور اپنے پیروں پر کھڑی ہونے کے قابل ہوسکی۔

ان کے ایک رفیق بیان کرتے ہیں کہ وہ دنیاداری سے بہت دور تھیں۔ ایک بار ایک عہدے کے لیے ان کے ساتھ کسی دوسری لڑکی نے بھی درخواست دی۔ دوسری لڑکی کا انتخاب کرلیا گیا۔ مگر رشید جہاں بجائے اس کے کہ اس سے حسد کرتیں اس کے پاس گئیں اور کہا۔ "تم سمجھتی ہو کہ مجھے اس انتخاب سے رنج ہوگا۔ درحقیقت میں بہت خوش ہوں۔ آخر ہم دونوں بہنوں کی طرح ہی تو ہیں۔"

وہ سچ مچ ایک کامیاب ڈاکٹر تھیں۔ انھوں نے بعض ایسے مشکل اور نازک آپریشن کیے اور بہت سے ایسے لاعلاج مریض ٹھیک کیے جس کی مثال مشکل ہی سے ملتی ہے۔ وہ ایک کھری شخصیت کی مالک تھیں اور ظاہری رکھ رکھاؤ اور بناوٹی اخلاق سے ان کو سخت نفرت تھی۔ وہ ان لوگوں کو بے نقط سناتی تھیں جو دولت کے بل پر ڈاکٹروں کو خریدنے کی کوشش کرتے ہیں۔ اس سلسلے میں سلام مچھلی شہری ایک واقعہ بیان کرتے ہیں:

> "ایک دن میں آپا کے مطب میں ان سے ملنے گیا تو وہ مصروف تھیں۔ مجھ سے اشاروں میں بیٹھنے کو کہا اور پھر کلینک میں چلی گئیں۔ ذرا دیر بعد ٹیلی فون کی گھنٹی بجی اور وہ باہر آگئیں۔
>
> '۔۔۔آپ کسی دوسرے ڈاکٹر کو بلالیجیے۔۔۔' 'جی مجھے بے حد افسوس ہے کہ میں اس مریضہ کو چھوڑ کر نہیں آسکتی۔۔۔'

اور پھر ٹیلی فون رکھتے ہوئے جھلانے لگیں۔ 'واہ یہ بھی کوئی بات ہوئی۔ ہوا کریں نواب صاحب بھلا میں اس غریب کامریڈ کی بیوی کا آپریشن کیے بغیر کسی دوسری جگہ کیسے جاسکتی ہوں۔ ان کے لیے تو بڑے سے بڑے ڈاکٹر ہیں مگر اس غریب کامریڈ کا کون ہے؟"[1]

ایک بار جو مریض ان کے زیر علاج آجاتا تو وہ اس سے ایک ذاتی تعلق سا قائم کرلیتی تھیں۔ مریضوں کے دُکھ درد بانٹ لینا ان کی عادت سی بن گئی تھی۔ بعض وقت تو ان کے لیے وہ اپنے دوستوں سے چندہ اکٹھا کرنے سے بھی گریز نہ کرتی تھیں۔ امرا کے ناز و نخرے اٹھانا ان کے بس سے باہر تھا۔ لہٰذا وہ کبھی ان لوگوں میں مقبول نہ ہوسکیں جب کہ متوسط طبقے کے لیے وہ فرشتۂ رحمت تھیں۔

وہ ایک پر جوش اور عملی کمیونسٹ تھیں۔ انھوں نے کبھی اپنے خیالات کا گلا نہیں گھونٹا۔ رشید جہاں ان لوگوں میں سے نہ تھیں جو آرام و آسائش کے ماحول میں بیٹھ کر سماج کو بدل ڈالنے کا خواب دیکھا کرتے ہیں۔ وہ ہمیشہ اپنے عقائد پر قائم رہیں۔ اور اپنے اصولوں کی خاطر انھوں نے بڑی سے بڑی قربانی دینے سے بھی دریغ نہیں کیا۔ اس کے لیے ان کو آلام و مصائب کے لامتناہی سلسلے سے بھی گزرنا پڑا مگر ان کے پائے استقلال میں کبھی جنبش نہیں ہوئی۔ وہ ایک عمیق نظر کی مالک تو نہ تھیں مگر ایک واضح اور مرتب ذہن ضرور رکھتی تھیں۔ مارکس اور دوسرے مفکرین کے خیالات سے بھی انھوں نے کافی استفادہ حاصل کیا۔ رشید جہاں شہر کی ان تمام تحریکوں میں شریک ہوتی تھیں جو اس وقت کے فرسودہ سماجی نظام کو بدلنے اور ہندوستان میں ایک عوامی حکومت قائم کرنے کے سلسلے میں منعقد ہوا کرتی تھیں۔ اس کے لیے وہ ہمہ وقت دامے درمے، قدمے اور سخنے تیار رہا کرتی تھیں۔ وہ ایک وسیع القلب خاتون تھیں اور ان کے گھر کے دروازے سب کے لیے ہمیشہ وا رہتے تھے۔ یہی وجہ

---

[1] سلام مچھلی شہری۔ "شمع بجھ کر سرخ تارا بن گئی" (مضمون) شاہراہ اکتوبر ۱۹۵۲ء صفحہ ۵۵ دہلی، مرتبہ: پرکاش پنڈت۔

تھی کہ ان کا گھر ہر وقت لوگوں سے بھرا رہتا تھا۔ ایک اچھے میزبان میں جو خصوصیات ہونا چاہئیں وہ ان میں موجود تھیں۔ ان کے گھر پر کوئی علاج کے لیے آتا تو کوئی اپنا نیا افسانہ یا نظم لے کر حاضر ہوتا۔ کوئی لڑکی ان سے گھریلو مسائل پر مشورہ کے لیے حاضر ہوتی تو کوئی صاحب سیاسی مسائل پر تبادلۂ خیال میں محو نظر آتے۔ ایسا بھی ہوتا کہ کوئی مزدور تحریک کا کارکن ان سے ملاقات کے لیے آیا ہوتا۔ غرض ان کا ہر لمحہ عوام کی فلاح و بہبود میں ہی گزرتا تھا۔ وہ اپنے گھر پر آنے والے ہر شاعر و ادیب، کمیونسٹ، سرکاری و غیر سرکاری افسر اور امیر یا غریب سے نظریاتی اختلافات سے قطع نظر یکساں طور پر پیش آتی تھیں۔

وہ مختلف المزاج لوگوں سے کام لینے کا سلیقہ بھی خوب جانتی تھیں۔ ان کے اندر طبقاتی احساس نام کو نہ تھا۔ یہاں تک کہ وہ اپنے گھر کے نوکروں کو بھی خاندان کے افراد سمجھتی تھیں۔ طبیعت کی بے حد غنی تھیں۔ فیاضی اور ایثار پسندی کی زیادتی سے احساسِ ملکیت بالکل ختم ہو گیا تھا۔ یہی وجہ تھی کہ وہ اپنی چیزوں کو لوگوں میں بانٹتی رہتی تھیں۔ گھر میں سازو سامان کی زیادتی ان کو قطعاً پسند نہ تھی۔ ان کے شوہر محمود الظفر بنیادی طور سے نظم و ضبط کو پسند کرتے تھے لہٰذا گھر میں کچھ توازن ان کی وجہ سے برقرار رہتا تھا۔ گو ان دونوں کی طبیعتوں میں یک گونہ تضاد تھا پھر بھی وہ ایک دوسرے کے کاموں میں تعاون کرتے تھے۔ اور اس طرح ان کی ازدواجی اور گھریلو زندگی میں توازن قائم تھا۔ بقول سجاد ظہیر:

> "رشید جہاں اور محمود الظفر کا جوڑا اجتماعِ ضدین تھا۔ رشیدہ کو باضابطگی سے نفرت تھی۔ ان کے جاننے والے اور دوست ہمیشہ حیران رہتے تھے کہ آخر وہ اتنی اچھی ڈاکٹر کیسے تھیں اور اپنے مریضوں میں کیوں مقبول تھیں۔ اپنی چیزیں ادھر اُدھر چھوڑ کر بھول جانا انھیں گم کر دینا ان کے روز کا معمول تھا۔ اس کے برخلاف محمود کبھی کچھ بھولتے ہی نہ تھے۔ ان حضرت کو نہ صرف اپنی بلکہ اپنے رفیقوں اور دوستوں کی ذمہ داریاں اور کام کرنے کے منصوبے ازبر یاد رہتے تھے۔ اور وقت بے وقت انھیں یاد دلانا ان کا بڑا تکلیف دہ شیوہ تھا۔"[10]

---

[10] سجاد ظہیر۔ "روشنائی"، صفحہ ۳۴، ۱۹۵۹ء دہلی (بار اوّل)۔

لیکن اس تضاد کے باوجود دونوں زن و شو نے اپنی زندگی ایک دوسرے کی رفاقت میں پیار و محبت کے ساتھ گزار دی اور ان کے تعلقات میں کبھی فرق نہیں آیا۔ سجاد ظہیر آگے لکھتے ہیں:

"رشیدہ کی پھیلائی ہوئی گڑبڑ اور انتشار کو محمود ہمیشہ ٹھیک کرتے رہتے تھے لیکن محبت کی سنہری زنجیر نے جس طرح ان دونوں کو ایک دوسرے سے باندھا تھا اس کی دلکشی اور لطافت دیکھنے سے تعلق رکھتی تھی[۲۷]۔"

"۔۔۔ مگر وہ امرتسر ہو یا دہرہ دون یا لکھنؤ جب بھی ان کے گھر جاؤ تو محسوس ہوتا تھا کہ خوشی وہاں تیر رہی ہے۔ ایسی خوشی جو دو دلوں کے میل اور دو دماغوں کی ہم آہنگی سے شفاف چشمے کی طرح پھوٹ نکلتی ہے اور جو دوسری افسردہ یا غمگین روحوں کو بھی سیراب کر کے ان میں ترنم اور بالیدگی پیدا کر دیتی ہے[۲۸]۔"

پہلی ہی ملاقات میں وہ مخاطب کا دل اس طرح موہ لیا کرتی تھیں گویا اس سے برسوں کی شناسائی ہو اس کی وجہ شاید ان کی شخصیت میں ایک عجیب دلکشی اور خلوص کا جادو تھا۔ ان کی گفتگو کا انداز پرجوش، پرتپاک اور دل آویز تھا۔ لیکن اس کے ساتھ ہی ان کے مزاج میں ایک خاص قسم کی تندی بھی تھی۔ سچ بات چاہے وہ کتنی ہی کڑوی کیوں نہ ہو بنا کسی لحاظ کے منہ پر کہہ دینا زیادہ مناسب سمجھتی تھیں سجاد ظہیر ایک واقعہ بیان کرتے ہیں:

"لکھنؤ میں انجمن کے جلسے رشید جہاں کے گھر پر عام طور سے ہوتے تھے۔ ایک بار جب میں لکھنؤ گیا تو رشید جہاں نے مجھ سے کہا ۔۔۔ مجھے اس پر کوئی اعتراض نہیں کہ میرے یہاں میٹنگ ہو

[۲۷، ۲۸] سجاد ظہیر - روشنائی" صفحہ ۲۴ ۱۹۵۹ء نئی دہلی (بار اول)۔

لیکن تم ذرا ممتاز حسین کو سمجھا دو کہ اگر انھوں نے یا دوسرے ترقی پسندوں نے میرے فرش کو میلا کیا اور چادروں اور دیواروں پر سگریٹ کی راکھ گرائی اور جاتے وقت کمرے کی صفائی نہیں کی تو میں ہرگز اپنے یہاں جلسہ کرنے کی اجازت نہیں دوں گی۔"

"میں نے انھیں بتایا کہ رضیہ کو بھی مجھ سے اور حمید اختر سے بعینہ یہی شکایت ہے۔ رشیدہ نے تنک کر کہا ـــــ بات یہ ہے کہ تم لوگ دکھانے کے لیے تو ترقی پسند بن گئے ہو لیکن جب اس پر عمل کرنے کا سوال آتا ہے تو وہ سجاد ظہیر ہوں یا ممتاز حسین، عورتوں سے اس کی توقع کرتے ہو کہ گھر کو صاف ستھرا رکھیں اور تمھیں چائے بنا بنا کر پلائیں اور تم مزے سے مالک بن کر بیٹھو اور ادب کی تخلیق کرو۔ یہی ہے نہ تمھارا تصور عورتوں کے بارے میں جن کو تم برابری کا درجہ دینے کا دعویٰ کرتے ہو۔[۱]"

ان کے کردار کی اس خوبی کو ہندی کے مشہور ادیب یش پال کپور نے اس طرح بیان کیا ہے:

"ان کے کردار کی سب سے بڑی خوبی ان کی سچائی اور لگن تھی اور اپنے آدرشوں سے پیار۔ ان میں کڑواہٹ ضرور تھی لیکن اس کڑواہٹ کا سبب یہ تھا کہ ان میں مکاری نہیں تھی۔ وہ دو ٹوک بات کرنا پسند کرتی تھیں۔[۲]"

رشید جہاں ان امیر لوگوں سے بہت چڑتی تھیں جو دولت کے نشے میں چور اپنی کوتاہیوں اور خرابیوں کو امارت کے لبادے میں چھپانے کے عادی تھے:

۱؎ سجاد ظہیر۔ روشنائی صفحہ ۲۱۸، ۱۹۵۹ء دہلی (بار اول)

۲؎ سلام مچھلی شہری۔ شمع بجھ کر سرخ تارا بن گئی (مضمون) شاہراہ اکتوبر ۱۹۵۲ء صفحہ ۵۶ دہلی۔ مرتبہ: پرکاش پنڈت۔

"رشید جہاں کو امیروں، بڑے آدمیوں، کام نہ کرنے والے غیر سنجیدہ خوش باشوں سے ایک عام نفرت تھی۔ اپنی ڈاکٹری کے سلسلے میں ان کو اکثر ایسے لوگوں کے گھروں میں جانے کا اتفاق ہوتا تھا اور انھیں اس طبقے کا کچا چٹھا ان کے زنانہ مکانوں کے ذریعے معلوم تھا۔ وہ ان امیروں کی کیفیت سے بھی واقف تھیں۔ جنھوں نے اپنی ہدفوق بیگموں کو گندی محل سراؤں میں مقفل کر کے باہر مردانے میں بھونڈے ڈرائنگ سجائے تھے۔[1]"

ادب سے ان کو دلچسپی ہی نہیں عشق تھا۔ ایک مقالے میں پروفیسر آل احمد سرور لکھتے ہیں:

"مجھ سے انھوں نے بارہا کہا کہ وہ اپنا کام چھوڑ کر سارا وقت افسانے لکھنے میں گزارنا چاہتی ہیں۔[2]"

دسمبر ۱۹۴۷ء میں انجمن ترقی پسند مصنفین کی طرف سے آل انڈیا اُردو کانفرنس لکھنؤ میں منعقد ہوئی تو رشید جہاں نے اپنے سارے کام پس پشت ڈال دیے اور اس انہماک اور تُندہی سے کام کیا کہ حیرت ہوتی تھی۔ انجمن ترقی پسند مصنفین اور انڈین پیوپلز تھیٹر کے کاموں میں بھی وہ پیش پیش رہا کرتی تھیں۔ یہاں تک کہ انجمن کے جلسوں میں اکثر وہ اپنے دوسرے کاموں کا حرج کر کے شریک ہوا کرتی تھیں۔ مقالوں، افسانوں اور نظموں پر بحث و مباحثوں میں بھی وہ بڑے جوش و خروش سے حصہ لیتی تھیں۔ انھیں علمی مسائل کو عام فہم انداز میں بیان کرنے کا ڈھنگ خوب آتا تھا۔ علم و ادب سے ان کی دلچسپی ان کی اس محبت کو ظاہر کرتی تھی جو انھیں اچھے شاعروں اور ادیبوں سے تھی۔ اس محبت میں احترام

---

1. سجاد ظہیر "روشنائی" صفحہ ۲۹ ۱۹۵۹ء۔ دہلی (بار اول)
2. پروفیسر آل احمد سرور۔ رشید جہاں۔ ایک تاثر (مضمون) قومی آواز ۱۹۵۲ء بحوالہ شعلۂ جوالہ صفحہ ۳۱ لکھنؤ سن اشاعت درج نہیں۔

خلوص بھی شامل تھا۔ یہاں تک کہ وہ ان کے ناز و نخرے بھی برداشت کیا کرتی تھیں۔ دوسری طرف شاعر و ادیب بھی ان کے اس خلوص و محبت کی قدر کیا کرتے تھے۔ پروفیسر آل احمد سرور کے الفاظ میں:

"میں نے جوش کو زندگی میں رشید جہاں کے سامنے ہوشیار اور باادب پایا ہے اور جگر کی زبانی بارہا ان کی تعریف سُنی ہے مذہب و ملت اور ذات پات سے بلند اس پیکر مہر و وفا کے لیے میں نے مذہب کے اماموں کو متفقہ طور پر ثناخواں پایا جو ان سے سخت اختلافات رکھتے تھے وہ ان کے احترام پر مجبور ہو جاتے تھے۔"[1]

رشید جہاں نے اپنی ساری زندگی ایک بہتر سماج کی تعمیر کی کوششوں میں گزار دی۔ انھوں نے روشنی کی خاطر سب کچھ قربان کر دیا۔ انھیں پارٹی سے اس قدر محبت تھی کہ جب ایک بار پارٹی کو مالی امداد کی ضرورت ہوئی اور کہیں سے انتظام نہ ہو سکا تو انھوں نے محمود الظفر سے مشورہ کر کے اپنا سارا زیور پارٹی کو دے دیا۔[2] ایسے ہی ایک دوسرے موقع پر اپنے سسر سے اپنی مہر کی رقم حاصل کر کے پارٹی کو دے دی اور اس طرح پارٹی کو زندہ رکھنے میں ایک اہم کردار ادا کیا۔ ان مثالوں سے اندازہ ہوتا ہے کہ پارٹی کی خاطر وہ اپنا سب کچھ قربان کر سکتی تھیں۔ انھیں پارٹی کے نصب العین اور انسانیت سے بے حد محبت تھی اور اس کی سربلندی کے لیے وہ ہمیشہ کوشاں رہیں۔ ۱۹۳۹ء میں جب عالم گیر جنگ اور ملک میں سیاسی کشمکش نے بنگال میں قحط کی صورتِ حال پیدا کر دی تو ترقی پسندوں نے جنگ سے پیدا حالات اور اس سے مرتب ہونے والے اثرات کو دُور کرنے کے لیے اپنا بھرپور تعاون دیا۔ دورانِ قحط بنگال کی تباہ کاریوں پر وہ لوگ

---

۱ آل احمد سرور۔ رشید جہاں ایک تاثر (مضمون) قومی آواز ۱۹۵۲ء۔ بحوالہ شعلہ جوالہ صفحہ ۶۰ لکھنؤ، سن اشاعت درج نہیں۔

۲ نعیم خاں۔ "یادیں" (مضمون) شعلۂ جوالہ صفحہ ۶۴، لکھنؤ، سن اشاعت درج نہیں۔

خاموش نہ رہ سکے بلکہ قحط زدہ لوگوں کی امداد کے لیے جاری عوامی تحریکوں میں ترقی پسند مصنفین نے بڑھ چڑھ کر حصہ لیا۔ اس نیک کام میں رشید جہاں سب سے آگے تھیں۔ بنگال کے قحط سے متاثرہ لوگوں کی امداد کے لیے انھوں نے بے تکان کام کیا اور روپیہ، کپڑا، دوائیں اور دوسرا ضروری سامان اکٹھا کر کے بنگال روانہ کیا۔

ڈاکٹر رشید جہاں دراز قد، موزوں اور متناسب جسم کی مالک تھیں۔ سرخ وسپید رنگ نے ان کی شخصیت کی دلآویزی اور دلکشی کو مزید بڑھا دیا تھا۔ مزاج کی شگفتگی سے چہرہ ہر وقت متبسم رہتا تھا۔ ان کی اس فطری شگفتگی کے بارے میں سلام مچھلی شہری لکھتے ہیں:

> "اس وقت جب میں ان کا خط دوبارہ پڑھ رہا ہوں تو سوچ رہا ہوں کہ خطرناک حد تک بیمار ہونے کے باوجود اپنے خط میں کوئی افسردہ تھکا ہوا یا مایوس کن جملہ نہ لکھنا ان کی عظمت اور عزائم کی دلیل تھی۔"[1]

مزاج کی اسی شگفتگی کے باعث ان کے چہرے سے دل کی کیفیات کا اندازہ بہت مشکل تھا۔

وہ ایک ذہین، فرض شناس اور باصلاحیت لیڈی ڈاکٹر ہونے کے علاوہ ایک بے نظیر سیاسی کارکن اور قابلِ قدر افسانہ نگار تھیں۔ لیکن انھوں نے کبھی خود کو افسانہ نگار یا مصنف نہیں سمجھا۔ ایک بار سلام مچھلی شہری نے جب ان سے کہا کہ ان کے ڈرامے اور کہانیاں کتابی صورت میں شائع ہونا چاہیے تو انھوں نے صرف اتنا ہی کہا کہ وہ صرف سماجی کارکن ایک مزدور ہیں اس کے علاوہ اور کچھ بھی نہیں۔

وہ زندگی کے ہر شعبے ہر معرکے میں مردوں کے شانہ بشانہ ایک مجاہدانہ عزم کے ساتھ شامل ہوئیں۔ وہ نہ تو مرعوب ہونا جانتی تھیں اور نہ ہی بزدل ہونا۔ وہ ایک راسخ العقیدہ خاتون تھیں اور یہ ان کے کردار اور عزم کی پختگی ہی تھی جس کی بدولت وہ

---

[1] سلام مچھلی شہری، "شمع بجھ کر سرخ تارا بن گئی" (مضمون) شاہراہ، اکتوبر ۱۹۵۲ء صفحہ ۵۲ دہلی۔

زندگی کی سینکڑوں آزمائشوں سے ہنستے کھیلتے گذریں۔ اس کے باوجود کبھی بھی ان کے ماتھے پر ہلکی سی شکن نہ آئی۔ ان کے شوہر اپنے سیاسی عقائد کی وجہ سے ایک عرصے تک روپوش رہے۔ خود انھیں بھی قید و بند کی صعوبتیں اٹھانا پڑیں۔ اپنی بیماری اور دوستوں اور عزیزوں کی پریشانیوں نے انھیں چاروں طرف سے آگھیرا۔ مگران کے عزائم قطعاً متزلزل نہ ہوئے اور زندگی پر ایک اٹل یقین اور بہتر ساجی نظام کی آرزو لیے وہ زندگی کی کٹھن راہوں پر امیدوں کی شمعیں روشن کرتی رہیں۔

"آج رشیدہ آپا ہمارے درمیان نہیں وہ یہاں سے ہزاروں میل دور روس کی سرزمین میں آرام کر رہی ہیں لیکن میں جانتی ہوں کہ رشیدہ آپا کی روح بے چین ہوگی خاکِ وطن کے لیے۔ وہ اپنی بیماری کا علاج کرانے گئی تھیں۔ روس کی مٹی نے انھیں اپنی طرف کھینچ لیا۔ آج روس میں ان کی حسین سی قبر ہے۔ شاید ہم رشیدہ آپا کے لیے اتنی حسین قبر نہ بنوا سکتے اس لیے کہ ہمیں ان کی عظمت کا صحیح معنوں میں احساس بھی نہیں۔ لیکن کون جانے ایک وقت ایسا بھی آئے جب ایک قبر ماسکو سے لکھنؤ لائی جائے۔ جس میں روس کی مٹی خاکِ ہند سے ملے۔ ہماری امانت ہمیں واپس مل جائے۔[1]"

---

[1] صدیقہ بیگم سیوہاروی۔ 'رشید جہاں' (مضمون) مجلّہ مسلم یونی ورسٹی ویمنز کالج ۸۳-۱۹۸۲ء علی گڑھ صفحہ ۳۹

ذہنی اور فنّی ارتقا

"انقلاب" انسان کی ارتقائی زندگی کا سب سے بڑا مصلح ہے جب زندگی آنکھوں پر پٹیاں باندھے کسی پرانی روایتی روش پر چلتے چلتے اُکتا جاتی ہے تو انقلاب آنکھوں کی پٹیاں کھول کے ایک نیا راستہ دکھاتا ہے، اگر انقلاب اس قسم کا ہے کہ اس سے انسان کی اکثریت کو فائدہ پہنچے تو وہ اپنے اندر بے شمار خوبیاں رکھتا ہے۔ ایسا انقلاب دراصل صالح ہے۔[1]

ادب اور زندگی، زندگی اور ادب دونوں ہی ایک دوسرے کے لیے لازم وملزوم ہیں۔ ایک کے بغیر دوسرے کا تصوّر کرنا ناممکن ہے یہی وجہ ہے کہ کسی بھی دَور کے حالات کو سمجھنے کے لیے اس دَور کے ادب کا مطالعہ ناگزیر ہے۔ اس حقیقت سے بھی مفر ممکن نہیں کہ زبان و ادب ہمیشہ ایک ہی راستے پر نہیں چلتے۔ ادب بھی ہمیشہ زمانے کی تبدیلی کا ساتھ دیتا نظر آتا ہے۔ اسی لیے موجودہ ادب کی ہیئت گذشتہ دَور کے ادب سے بالکل مختلف نظر آتی ہے اسی بنیاد پر ہم یہ قیاس کر سکتے ہیں کہ مستقبل کے ادب کی ہیئت مزید مختلف ہوگی۔ چوں کہ زمانے کی رفتار کبھی بھی یکساں نہیں رہتی اس لیے ادب میں بھی تغیرات رونما ہوتے رہتے ہیں۔ ان تغیرات کی موافقت اور مخالفت میں آوازیں بھی اٹھتی ہیں اور یہی موافقت

---

[1] عزیز احمد۔ "ترقی پسند ادب" صفحہ ۲۱ ۱۹۷۸ء دہلی۔

اور مخالفت نئی نئی تحریکات کی پیدائش کا سبب بن جاتی ہیں۔

اُردو ادب میں بھی مختلف قسم کی تحریکات جنم لیتی رہی ہیں۔ آج کی اُردو کا رنگ روپ اپنے اوّلین دَور سے قطعاً مختلف ہے۔ اوّلین دَور میں اُردو ادب صرف زندگی کی حقیقتوں کو بیان کرتا نظر آتا ہے لیکن اس میں شعوری ادراک کا فقدان ہے۔ جب کہ موجودہ اُردو ادب اس شعوری ادراک کے ساتھ حقیقت نگاری کے زیادہ قریب نظر آتا ہے۔ زندگی اور ادب ماضی سے پوری طرح پیوستہ ہیں۔ لیکن حال اور مستقبل بھی زندگی کی دو روشن حقیقتیں ہیں۔ آج جو خامیاں ہم پچھلے ادوار کے ادب میں پاتے ہیں اس کی وجہ یہی ہے کہ اس میں حال اور مستقبل سے بے توجہی برتی گئی ہے۔ اُس دَور کے ادیب اور افسانہ نگاروں کے پاس گھوم پھر کر ایک ہی موضوع نظر آتا ہے جو مافوق العادات کردار اور شہزادہ و شہزادی کی کہانی کے تانے بانے سے تیار کیا جاتا ہے۔ شہزادہ کسی کی زبانی بیشتر کسی پرندے کی زبانی دنیا کی حسین ترین شہزادی کے بارے میں سُن کر نادیدہ طور سے اس پر عاشق ہو جاتا ہے اور اس کی جستجو میں عیش و آرام اور یہاں تک کہ اپنے والدین کو بھی چھوڑ کر جنگل کی راہ لیتا ہے۔ یا پھر دیگر موضوعات میں پَری اور دیو کی کہانیاں ہوتی ہیں۔ یہی حال شاعری کا نظر آتا ہے۔ اس میں بھی عام طور پر محبوب کی دہان و کمر کے علاوہ کچھ نہیں ملتا۔ اس قسم کے ادب نے تھکے ہوئے ذہنوں کو زندگی کے تلخ حقائق سے فرار سکھانے کے علاوہ اور کچھ نہیں دیا۔ اس کے لیے ہم اُردو ادب ہی کو مورد الزام نہیں ٹھہرا سکتے بلکہ اس قسم کا ادب تو دنیا کی ہر زبان میں پایا جاتا ہے اور جب ادب زندگی کی ان فرسودہ اور روایتی راہوں پر چلتے چلتے تھک جاتا ہے تو اس میں جمود پیدا ہو جاتا ہے۔ پھر کوئی جیالا اس جمود میں انقلاب کا پتھر پھینک کر تموّج پیدا کر دیتا ہے۔ اس طرح پُرانے اور گھسے پٹے ادب میں پھر ایک نئی جان پڑ جاتی ہے۔ بقول عزیز احمد :

> "کبھی پُرانی روایاتی اسالیب میں نئے مضامین متعارف کیے جاتے ہیں کبھی پُرانے موضوع اور مضامین کے لیے نئے قالب ڈھالے جاتے ہیں۔ بہرحال اسلوب ہو یا مضمون جب ایک بار انقلاب آجاتا ہے تو یہی انقلا

آہستہ آہستہ اپنی ملائمت کھو بیٹھتا ہے، روایت بن جاتا ہے۔ پھر ایک نئے انقلاب کی ضرورت ہوتی ہے جو اور نئی انقلابی قدریں لائے۔ اس طرح ارتقا کا کھیل جاری رہتا ہے۔[1]"

اُردو ادب میں ہم ایک کے بعد ایک مختلف تحریکات و میلانات پاتے ہیں جن میں ایہام گوئی، اصلاحِ زبان، علی گڑھ تحریک، رومانوی تحریک اور ترقی پسند تحریک نمایاں خصوصیات کی حامل ہیں۔ لیکن ان سب میں ترقی پسند تحریک اُردو ادب کی سب سے عظیم اور توانا تحریک مانی جاتی ہے جس نے نہ صرف اُردو ادب بلکہ ملک کی ساری ہی زبانوں کے ادب کو متاثر کیا۔ اس تحریک کے بارے میں اظہار خیال کرتے ہوئے خلیل الرحمن اعظمی رقمطراز ہیں:

"علی گڑھ تحریک کے بعد ترقی پسند تحریک دوسری شعوری تحریک تھی جس کے زیرِ اثر ہمارے ادب کو بعض اہم تبدیلیوں سے دوچار ہونا پڑا۔ جن لوگوں نے اُردو ادب کے مختلف شعبوں کا توجہ سے مطالعہ کیا ہے اور زمانۂ حال کے رُجحانات کو اپنی تحقیق و تنقید کا موضوع بنایا ہے ان سے یہ حقیقت پوشیدہ نہیں کہ ہماری زبان میں شعر و ادب کا ایک معتدبہ ذخیرہ اسی تحریک کی پیداوار ہے۔ ترقی پسند مصنفین کے نام سے ہمارے مُلک میں جو تحریک شروع ہوئی اس کی یہ خصوصیت نظر میں رکھنے کی ہے کہ یہ پہلی ادبی تحریک تھی جس نے نہ صرف پورے ملک کے ادیبوں کو ایک نظریاتی رشتے میں منسلک کرنے کی کوشش کی بلکہ ہندوستان کی دوسری تمام زبانوں میں بھی اتحاد و اشتراک کا ایک وسیلہ بن گئی۔[2]"

ترقی پسند تحریک نے اُردو میں ایک انقلابِ عظیم برپا کر دیا۔ اس تحریک کے زیرِ اثر

---

[1] عزیز احمد۔ "ترقی پسند ادب" صفحہ ۳۲ ۱۹۷۰ء دہلی۔

[2] خلیل الرحمن اعظمی۔ "اُردو ادب میں ترقی پسند تحریک (مقدمہ) صفحہ ۹ مارچ ۱۹۷۲ء علی گڑھ۔

ادب کی تمام اصناف میں بڑی بڑی تبدیلیاں پیدا ہوئیں اور یہ تحریک خاص طور سے اُردو افسانے کو بامِ عروج پر پہنچانے کا سبب بنی۔ لہٰذا اس تحریک کے اوّلین دَور کو اگر اردو افسانے کا زرّیں دَور کہا جائے تو بیجا نہ ہوگا۔ جس طرح دوسری تحریکات اور رجحانات اپنے دَور اور ماحول کی پیداوار تھیں، اسی طرح ترقی پسند تحریک بھی مخصوص حالات اور تقاضوں کے زیرِ اثر پروان چڑھی۔ جیسے جیسے حالات میں پیچیدگیاں اور تبدیلیاں پیدا ہوتی گئیں اس تحریک میں بھی عروج و زوال آتے گئے لیکن اس کے اثرات ہمہ گیر اور دیرینہ ثابت ہوئے کیوں کہ یہ عوام کی تحریک تھی اور اس کی جڑیں عوامی زندگی اور تہذیب میں کافی گہرائی تک پیوست تھیں اور بقول رشید احمد صدیقی:

"تاریخ کے کسی زمانے میں کم ایسی عالمگیر قوتیں برسرِ پیکار آئی ہوں گی جن سے انسانی سرگرمی اور کارکردگی اتنی متاثر ہوئی ہو جتنی کہ اس ترقی پسند تحریک سے، جو بحیثیت مجموعی اشتراکی نقطۂ نظر کی تائید اور ترجمانی کرتی ہو۔"[1]

اگر اس تحریک کے پس منظر کا جائزہ لیا جائے تو ہمارے سامنے ۱۹۱۷ء کے فاشزم کا وہ طوفان آجاتا ہے جس نے انقلابِ روس کے بعد یوروپ کو بھی اپنی لپیٹ میں لے لیا تھا اور جس کے بعد دانشوروں کو ادب اور تہذیب و تمدّن کی اعلیٰ اقدار کی پامالی کا اندیشہ پیدا ہوگیا تھا۔ لہٰذا یوروپی دانشور اور ادیب اس طوفان کے مقابلے کے لیے کمربستہ ہوگئے۔ ہندوستان بھی دُنیا کے دوسرے ممالک کی طرح اس خطرناک صورتِ حال سے متاثر ہوئے بغیر نہ رہ سکا۔ دوسری طرف وہ ہندوستانی طلبا تھے جو یوروپ میں اعلیٰ تعلیم حاصل کرنے کی غرض سے مقیم تھے اور جن کی دُور رس نگاہوں نے اس طوفان کے انجام و عواقب کو پہلے ہی سے دیکھ لیا تھا۔ "انگارے" کے شہرت یافتہ ادیب سجّاد ظہیر نے "روشنائی" میں اس وقت کے حالات کا تجزیہ ان الفاظ میں کیا ہے:

---

[1] پروفیسر رشید احمد صدیقی (تعارف) اُردو میں ترقی پسند تحریک (خلیل الرحمن اعظمی) صفحہ ۵۔ مارچ ۱۹۷۲ء۔ علی گڑھ۔

" دفتروف کا مقدمہ، فرانس کے مزدوروں کی بیداری، آسٹریلیا کا ناکامیاب مزدور انقلاب آج ان واقعات کی اہمیت اکثر لوگوں کے لیے کچھ نہیں لیکن ہمارے لیے بہت تھی۔ یہ تو بالکل ظاہر معلوم ہوتا تھا کہ انسانیت کے لیے بہت دنوں تک امن وچین کا خاتمہ ہوگیا ہے۔ بڑی سخت کشاکش، جدوجہد، بین الاقوامی جنگ، انقلاب کے دور کا آغاز ہم اپنے چاروں طرف دیکھ رہے تھے۔"

یہاں ہندوستان میں بھی حالات پُرسکون نہ تھے۔ انیسویں صدی کے آخر اور بیسویں صدی کے اولین دور کا ہندوستان اجتماعی طور پر غیر یقینی حالات سے دوچار تھا۔ انگریزی حکومت کی بنیادوں میں دراڑیں پڑ چکی تھیں اور اس کو ہر چہار جانب سے انقلاب کے ایک طوفان عظیم کا سامنا تھا۔ ہر طرف سیاسی افراتفری مچی ہوئی تھی۔ انگریز حکومت جدوجہدِ آزادی کو کچلنے کے لیے طرح طرح کی پالیسیاں وضع کر رہی تھی۔ ادیب بھی تحریکِ آزادی کے حمایتی تھے۔ اقبال اور پریم چند نے قوم کی ذہنی تربیت کا بیڑا اُٹھا لیا تھا۔ مگر اس مقصد کے لیے انھوں نے پند ونصائح کا خشک ترین راستہ نہیں اپنایا بلکہ نوجوانوں کے گرم خون کو مدِنظر رکھتے ہوئے جذباتی انداز اپنانے کے ساتھ ساتھ جوش و ہوش سے بھی کام لیا اور اس طرح شیریں اور تلخ بیانی کے مرکب کو کام میں لاکر جدید شعور اور بصیرت کے ساتھ اپنے دور کی کامیاب عکاسی کرنے کی سعی کی۔ یوں ادب و زندگی کے تعلق کو مزید پائیداری عطا کی۔ پریم چند وہ پہلے افسانہ نگار تھے جنھوں نے اردو افسانے میں شوکت پاستان کو پیش کرنے کی سمت میں پہلا قدم اُٹھایا۔

ایک طرف اگر ہندوستان کی مجموعی صورتِ حال اس سیاسی کشمکش سے عبارت تھی تو دوسری طرف علی گڑھ کا وہ اسلامی و اصلاحی ماحول تھا جس میں رشید جہاں نے ہوش سنبھالا اور جہاں معزز مسلم خواتین اسلامی معاشرے کی اصلاح کے لیے کوشاں تھیں۔ ان معزز خواتین میں بیگم بھوپال، بیگم عطیہ فیضی، آبرو بیگم (ہمشیرہ مولانا آزاد) اور برجیس دُلہن کے نام قابلِ ذکر ہیں۔ یہ خواتین شیخ عبداللہ کے گھر پر جلسے کیا کرتی تھیں۔ جس میں مسلم معاشرے کی اصلاح

پذیرائی کی جاتی تھی۔ خود شیخ عبداللہ بھی اپنے رسالے "خاتون" میں تعلیمِ نسواں، تربیت اطفال، اور شادی کے سلسلے میں لڑکیوں کی رضا و پسند کو مقدم رکھنے کے بارے میں پُر مغز مضامین شائع کیا کرتے تھے۔ اسی ادبی اور اسلامی ماحول میں رشید جہاں کی ابتدائی تعلیم و تربیت ہوئی۔ اور بقول اسٹیوین۔ ایم۔ پولوس:

"رشید جہاں کی ابتدائی زندگی کے چند پہلو ان کی بعد کی زندگی پر اثر انداز ہوئے۔ سب سے پہلے تعلیم اور اس کردار پر زور دیا جو خواتین تعلیم میں ادا کرتی ہیں اور خواتین پر تعلیم کا اثر، دوسرے ان کے اپنے گھرانے میں تعلیم یافتہ اور ادیب خواتین اور ساتھ ہی ترقی پسند اور کمیٹیڈ (COMITTED) والد کا موجود ہونا۔ تیسرے قوم پرست اور خلافت کی تحریکوں سے شدت سے دونوں جگہ یعنی گھر پر بھی اور اسکول میں بھی اور علی گڑھ کی سرگرمیوں سے متواتر رابطہ۔"[1]

جب سولہ سال کی عمر میں رشید جہاں نے اس خالص اسلامی ماحول سے نکل کر ازابیلا تھوبرن کالج لکھنؤ میں داخلہ لیا تو وہاں کے ماحول کو یکسر مختلف پایا۔ وہاں کے ماحول میں انگریزی تہذیب رچی بسی تھی۔ علی گڑھ میں اگر اقبالؔ، حالیؔ اور شبلیؔ کا بول بالا تھا تو ازابیلا تھوبرن کالج میں ڈکنز، ہارڈی اور شیلے کے گیت گائے جاتے تھے۔ رشید جہاں کے حساس ذہن نے ان دو اقسام کے ماحول کا موازنہ کیا۔ وہ معاشرے میں پلتی ہوئی برائیوں سے بخوبی واقف تھیں اور سمجھتی تھیں کہ آدمی کو لکیر کا فقیر نہیں ہونا چاہیے۔ ساتھ ہی جدید تعلیم کی ضرورتوں سے بھی بہرہ ور تھیں لہٰذا انھوں نے فوراً ہی کالج کے ماحول کا اثر قبول کیا۔ چوں کہ بچپن ہی سے ان کو ادب سے لگاؤ تھا اس لیے انھوں نے شادی کے سلسلے میں قدامت پسندی سے متاثر ہو کر ایک انگریزی کہانی "سلمیٰ" لکھی جو کالج کے ایک مجموعے میں شائع ہوئی اور مقامی طور پر کافی مقبول ہوئی۔

ازابیلا تھوبرن کالج میں تعلیم مکمل کرنے کے بعد جب وہ لیڈی ہارڈنگ میڈیکل کالج

---

[1] اسٹیوین ایم۔ پولوس۔ "انگارے کی رشید جہاں، ان کی زندگی اور تصانیف (مضمون) شبیہ عباس جارچوی۔ طلوعِ افکار صفحہ ۴۰ فروری ۱۹۸۸ء۔ کراچی۔

وہاں پہنچیں تو انھوں نے یہاں کے ماحول کو اور بھی جدید پایا۔ میڈیکل تعلیم کے ساتھ ساتھ ان کی ادبی اور ثقافتی سرگرمیاں بھی جاری رہیں۔ اسی دوران انھوں نے ایک انگریزی ڈرامہ "لالہ رُخ" بھی تیار کرایا جو نہایت کامیاب رہا۔

رشید جہاں کی ننہال دلّی کے جس محلے میں تھی اس کا ماحول پوری طرح قدامت پسندی کی زنجیروں میں جکڑا ہوا تھا۔ وہاں جدید تعلیم کی روشنی کی ایک معمولی کرن بھی نہ پہنچی تھی۔ اس گھٹے گھٹے ماحول میں مرد کو عورت کے حقوق سے کوئی دلچسپی نہ تھی۔ یہ وہ دور تھا جب عورت کو گھر کی چار دیواری کے اندر روٹی اور کپڑا مہیا کر کے مرد یہ سمجھتا تھا کہ اس نے اپنی ذمہ داریوں کو پورا کر دیا۔ اس قید و بند میں نہ تو عورت کی اپنی کوئی شخصیت تھی اور نہ ہی کوئی پہچان وہ اپنی مرضی کی مالک نہ تھی بلکہ مرد کے اشاروں پر چلنا ہی اس کے لیے فرماں برداری اور اطاعت گزاری تھی۔ یہاں تک کہ اپنی زندگی کے اہم فیصلوں مثلاً شادی کے سلسلے میں بھی وہ مرد کی محتاج تھی اور شادی کے بعد مرد کی جا و بے جا جنسی خواہشوں اور اس کے نتیجے میں بچوں کی پیدائش ہی اس کا نصب العین تھا۔ رشید جہاں کے حسّاس ذہن نے عورت کی اس زبوں حالی کا عمیق مطالعہ کیا۔

ایک طرف یہ حالات تھے۔ دوسری طرف بیسویں صدی کے تیسری دہائی کا ہندوستانی نوجوان قدامت پرست طاقتوں سے برسرِ پیکار تھا۔ اور اس کے ساتھ ہی بخوبی جانتا تھا کہ انگریزوں کی غلامی میں اس کا مستقبل غیر محفوظ ہے۔ لہٰذا وہ خود ہی اپنی راہیں متعیّن کرنے میں مصروف تھا اور ہر طرف سے مایوس ہو کر اشتراکیت میں پناہ ڈھونڈھ رہا تھا۔ رشید جہاں کا جوان خون بھی ان حالات سے متاثر ہوئے بغیر نہ رہا۔ شروع میں وہ گاندھی جی سے بہت متاثر ہوئیں اور ان کی دعوت پر کچھ دن کھادی بھی پہنی۔ اس کے بعد کچھ نوجوان دہشت پسندوں کے ساتھ ہتھیار بند انقلاب کے لیے جدّوجہد بھی کی۔

۱۹۳۱ء میں جب وہ ملازمت کے دوران لکھنؤ میں تھیں تو ان کی ملاقات سجاد ظہیر گروپ سے ہوئی جس میں سجاد ظہیر کے علاوہ محمود الظفر اور احمد علی وغیرہ بھی شامل تھے۔

یہ گروپ مارکسزم پر پوری طرح یقین رکھتا تھا۔ مجموعی طور پر رشید جہاں سجاد ظہیر سے بہت متاثر ہوئیں۔

ان تمام حالات سے رشید جہاں کے ذہن نے ایک گہرا تاثر قبول کیا۔ لہٰذا انھوں نے اس قدامت پرست ماحول کی پابندی کرنے سے انکار کر دیا اور اس سے بغاوت کر دی جس کی وجہ سے مذہب کے ٹھیکیداروں نے ان پر فتوے صادر کر دیے۔ ان کے باغیانہ مزاج اور فرسودہ روایات کے خلاف احتجاج کو سعادت حسن منٹو نے اس طرح بیان کیا ہے:

> "محسن کی ایک بہن (ڈاکٹر رشید جہاں) نے تو ایسے پر پرزے نکالے تھے کہ حد ہی کردی تھی۔ میں ان دنوں ایم۔ اے۔ او کالج امرتسر میں پڑھتا تھا۔ اس میں ایک نئے پروفیسر آئے تھے۔ یہ ڈاکٹر رشید جہاں کے خاوند تھے[1]۔"

رشید جہاں سائنس کی طالبہ رہی تھیں اور ان کی سائنسی بصیرت اور حقائق کو پرکھنے کا فن و قومی مشاہدہ اس فرسودہ نظام سے قطعاً میل نہ کھاتا تھا۔ یہی وجہ تھی جو انھوں نے مارکسزم کو قبول کیا۔ یہاں ایک بات قابلِ غور ہے کہ یہ نظریہ انھوں نے جذباتی رَو یا بھیڑ چال کے تحت قبول نہ کیا تھا بلکہ کافی غور و خوض اور مطالعہ کے بعد وہ اس نتیجے پر پہنچی تھیں کہ مارکسزم ہی وہ انقلاب لا سکتا ہے جو ایک نئی حیات کے طلوعِ آفتاب کا باعث ہوگا۔

انہی دنوں سجاد ظہیر گروپ نے "انگارے" شائع کرنے کا منصوبہ بنایا۔ ان کے مشورے پر "انگارے" کے لیے رشید جہاں نے اپنا ایک افسانہ "دلی کی سیر" اور ایک ایکانکی ڈرامہ لکھا۔ ۱۹۳۲ء میں "انگارے" کی اشاعت ایک طوفان کا پیش خیمہ ثابت ہوئی۔ اس کی اشاعت کے بعد ہی رشید جہاں شیطان کی طرح مشہور ہو گئیں اور لوگ ان کو "رشید جہاں انگارے والی" کے نام سے جاننے لگے۔ صحیح معنوں میں انگارے ہی سے ان کی ادبی زندگی کا آغاز ہوتا ہے اور اس طرح اس مجموعے نے ان کو ادیبوں کی صف میں لا کھڑا کیا۔ اسٹیوین ایم۔ پولوس کے مطابق:

---

[1] سعادت حسن منٹو: "پُراسرار نینا" (سچی کہانی) ماہنامہ چہار رنگ۔ اپریل ۱۹۹۱ء صفحہ ۶۱، دہلی۔

"انگارے نے رشید جہاں کی ایک انقلابی طور پر شناخت کو مستحکم کر دیا۔ ترقی پسند گھرانوں میں وہ خواتین کی آزادی کی علامت سمجھی جانے لگیں اور قدامت پسند گھرانوں میں بُرائی کی ایک ایسی مثال جو ایسی صورت میں پیدا ہوتی ہے جب عورت کو تعلیم دِلوائی جائے، پردے میں نہ رکھا جائے اور ملازمت اختیار کرنے کی اجازت دی جائے۔ اس امر کے باوجود کہ چاہے وہ کتنے ہی اعلیٰ اور معزز خاندان سے تعلق کیوں نہ رکھتی ہو۔[۵]"

ایک سو چونتیس صفحات کے اس مجموعے کی اشاعت نے نہ صرف ادبی بلکہ سیاسی اور سماجی سطح پر بھی کافی ہنگامہ برپا کردیا اور اس کے خلاف احتجاج کا ایک طوفانِ عظیم کھڑا ہو گیا۔ یہ کہانیاں مسلمانوں کی روزمرّہ کی زندگی کی عکاسی کرتی تھیں۔ اور انھوں نے مسلم حاکمانہ طبقے کے اور رجعت پسندانہ رویے کا پردہ چاک کر ڈالا تھا لہٰذا نہ صرف مذہبی بلکہ زمیندارانہ طبقے دونوں ہی ان کے خلاف کمربستہ ہو گئے۔ حالانکہ اس مجموعے میں رشید جہاں کے علاوہ سجاد ظہیر احمد علی اور محمود الظفر کی دس تخلیقات شامل تھیں مگر سماجی لعن طعن کا ہدف سب سے زیادہ رشید جہاں کو ہی بنایا گیا۔ اس کی وجہ صاف ظاہر ہے۔ وہ پہلی مسلم خاتون تھیں جنھوں نے مذہب کے ٹھیکیداروں کی دُکھتی رگ پر ہاتھ رکھ دیا تھا۔ اور ان موضوعات پر بڑی ہی بیباکی سے قلم اٹھایا جن کو اُس زمانے میں شجرِ ممنوعہ کی حیثیت حاصل تھی۔

"انگارے کے خلاف شور وغوغا ناقابلِ یقین حد تک شدید تھا۔ مولویوں اور عام مسلمانوں نے ان کہانیوں اور ان کے مصنفین کو اسلام دشمن قرار دے دیا۔ مصنفین کو ذاتی طور پر اور بذریعۂ ڈاک روزانہ دھمکیاں مل رہی تھیں اور ان کی زندگیاں خطرے میں تھیں۔ لیکن وہ چاروں اپنے موقف پر مضبوطی سے قائم رہے اور کبھی بھی جھکے نہیں[۶]"

اُردو کے بیشتر اخبارات؛ جرائد نے اس کتاب کو مذہبی اور اخلاقی حیثیت سے گندی

---

[۵] اسٹیوین ایم پوئوس۔ "انگارے کی رشید جہاں" ان کی زندگی اور تصانیف (مضمون شبیہہ عباس جارچوی۔ طلوعِ افکار، فروری ۱۹۸۸ء۔ صفحہ ۴۲ کراچی۔

اور گھناؤنی قرار دیا۔ اس کی مخالفت کرنے والوں میں مولانا عبدالماجد دریابادی پیش پیش تھے۔ انھوں نے اس مجموعے پر کافی لعن طعن کی یہاں تک کہ اپنے ہفتہ وار رسالے میں اس وجہ سے اس کا اور اس کے مصنفین کا نام لینا بھی گوارہ نہیں کیا مُبادا یہی بات اس کو مشتہر کرنے کا باعث بن جائے۔" ایک شرمناک کتاب' کے عنوان سے لکھتے ہیں:

> "لکھنؤ کے ایک شیعہ نوجوان اور ایک رفیقہ اور دو رفیقوں کے نام۔۔۔ شریفوں کے مجمع میں اس کا نام لیا جائے۔"[1]

"انگارے" کے خلاف مزید برہمی کا اظہار کرتے ہوئے لکھتے ہیں:

> "مطالبہ یہ ہے کہ کتاب مذہبی حیثیت سے نہایت
> .... تو خود وہ قانون قابلِ ترمیم ہے۔"[2]

اُنھوں نے پریم چند کے حوالے سے بھی اس پر نفرین کی تھی[3]

"گندگی کا ایک قدردان" کے عنوان سے "سچ" میں اس کے خلاف ایک مضمون بھی شائع کیا۔ لکھتے ہیں:

> "گندگی کی اس پوٹ کے لیے موزوں جگہیں صرف دو ہوسکتی ہیں۔ یا تو ان کاغذی انگاروں کو آگ کے لپکتے ہوئے شعلوں میں جھونک دیا جائے اور یا انھیں ہاتھ سے پارہ پارہ اور پیر سے مسل کر آبادی کے باہر ان مقامات پر پھنکوا دیا جائے۔ جہاں انسانی آبادی کے غلیظ اور فضلہ کا ڈھیر لگا رہتا ہے۔"[4]

اس کے علاوہ "انگارے" اور اس کے مصنفین کے خلاف لکھنے والوں میں "سرفراز"

---

[1] عبدالماجد دریابادی "سچ" (ہفتہ وار) صفحہ ۲۔ ۲۴ر فروری ۱۹۳۳ء لکھنؤ۔

[2] مولانا عبدالماجد دریابادی "سچ" (ہفتہ وار) صفحہ ۳، ۲۴ر فروری ۱۹۳۳ء لکھنؤ۔

[3] ایضاً "بدعقیدگی نہیں بدتمیزی" (مضمون) سچ (ہفتہ وار) صفحہ ۲، ۲۸ اپریل ۱۹۳۳ء لکھنؤ۔

[4] عبدالماجد دریابادی "سچ" (ہفت روزہ) ۱۷ر مارچ صفحہ ۴ لکھنؤ۔

"معارف" (لکھنؤ) "خلافت" (بمبئی) "حق" - "عصمت" (دہلی) اور "زمیندار" (لاہور) بھی تھے لیکن "جامعہ" (دہلی) نے "انگارے" پر نہ صرف تنقید و تبصرہ شائع کیا بلکہ بعض کہانیوں کی تعریف بھی کی ۔ تبصرہ نگار لکھتا ہے :

"انگارے" واقعی انگارے ہیں محض افسانے نہیں ان میں صرف زندگی نہیں دکھائی گئی بلکہ ایک خاص قسم کی زندگی اور ان کا مقصد ہے کہ دل پر ایک خاص قسم کا اثر ہو۔[1]"

اپنے تبصرے میں آگے چل کر وہ رشید جہاں کی کہانی "دلی کی سیر" کو ایک پُرلطف قصہ قرار دیتا ہے۔[2]

"جامعہ" کے علاوہ لکھنؤ کے ایک روزنامے "حقیقت" میں بھی "انگارے" کی حمایت میں مضمون نگاری کی گئی تھی ۔

یہ نہیں کہ "انگارے" کے مصنفین اس شور و غوغا کے جواب میں خاموش رہے بلکہ انھوں نے اپنے مقصد کو جائز قرار دینے کے لیے جوابی کارروائی بھی کی ۔ ایک مضمون میں محمود الظفر رقمطراز ہیں :

"کوئی شخص ان افسانوں کی حقیقت نگاری سے انکار نہیں کرسکتا اور اگر غیر جانبداری سے کام لے کر دیکھا جائے تو یہ محسوس ہوگا کہ یہ کہانیاں محض ادبی وجدان کی خاطر نہیں تحریر کی گئی ہیں بلکہ افسوسناک حالات کے خلاف غم و غصے کی حیثیت رکھتی ہیں۔[3]"

"انگارے" اور اس میں لکھنے والوں کے خلاف جو محاذ قائم کیے گئے اور جو ہنگامہ آرائیاں کی گئی ہیں اس پر اظہارِ خیال کرتے ہوئے سجاد ظہیر لکھتے ہیں :

---

[1] "تنقید و تبصرہ"، "جامعہ" ماہنامہ صفحہ 175 فروری 1932ء۔ دہلی۔

[2] تنقید و تبصرہ جامعہ (ماہنامہ) صفحہ 175 فروری 1933ء ۔ دہلی۔

[3] محمود الظفر "انگارے کی مدافعت میں" 5 اپریل 1933ء ۔

"انگارے" کی بیشتر کہانیوں میں سنجیدگی اور ٹھہراؤ کم اور سماجی رجعت پسندی اور دقیانوسیت کے خلاف غصّہ اور ہیجان زیادہ تھا۔ بعض جگہوں پر جنسی معاملات کے ذکر میں لارینس اور جوائس کا اثر بھی نمایاں تھا۔ رجعت پسندوں نے ان کی انھی خامیوں کو پکڑ کر "انگارے" اور اس کے مصنفین کے خلاف بڑا سخت پروپیگنڈا کیا۔ حسب دستور مسجدوں میں ریزولیوشن پاس ہوئے۔ مولوی عبدالماجد دریابادی خم ٹھونک کر ہمارے خلاف میدان میں آ گئے ہمیں قتل کرنے کی دھمکی دی گئی اور بالآخر صوبہ متحدہ کی حکومت سے اس کتاب کو ضبط کرا دیا گیا[۱]۔"

ایسا نہ تھا کہ رشید جہاں سے پہلے اُردو میں خواتین افسانہ نگاروں کی کمی تھی۔ ان سے پہلے نذر سجاد، مسز عبدالقادر، حجاب امتیاز علی اور طاہرہ دیوی وغیرہ اس میدان میں اپنی فکر کے گھوڑے دوڑا چکی تھیں۔ لیکن رشید جہاں نے اپنی پیشرو افسانہ نگار خواتین کے نقشِ قدم پر چلنے کے بجائے حقیقت نگاری کا مشکل ترین راستہ اپنایا اور اپنے بعد آنے والی نسلوں کے لیے نئی راہیں ہموار کیں۔

"انگارے" شائع کرتے وقت سجاد ظہیر کے وہم و گمان میں بھی نہ تھا کہ یہ مجموعہ ادبی دُنیا میں اتنا زبردست انقلاب لے آئے گا۔ دراصل یہ مجموعہ جاگیردارانہ اخلاقیات سے بوجھل اصلاح کے خلاف ایک زبردست احتجاج تھا۔ "انگارے" کی انقلابی تحریروں نے انگریزی عہد او۔ جاگیردارانہ بوجھل پن پر ایک ضربِ کاری لگائی یہی وجہ تھی کہ قدامت پسند بُری طرح جھنجلا اُٹھے اور ان کی زبردست مخالفت کے نتیجے میں یہ کتاب ضبط ہو گئی لیکن آنے والی نسل کو ایک نئی راہ دِکھا گئی اور ۱۹۳۶ء میں اس نے ایک باقاعدہ تحریک کی شکل اختیار کر لی اور ترقی پسند تحریک ہر خاص و عام کی زبان بن گئی۔

ترقی پسند تحریک کے پھیلنے سے قبل افسانوں میں حقیقت پسندی اصلاح پسندی اور

---

[۱] سجاد ظہیر "روشنائی" صفحہ ۱۹ بار اوّل ۱۹۵۹ء۔ دہلی۔

رومانیت تین طرح کے رجحانات پائے جاتے تھے ان کے علاوہ مغربی افسانے بھی تھے جو تراجم کے ذریعے آئے تھے۔ اس پس منظر میں "انگارے" کے مصنفین نے اپنے لیے ایک نیا راستہ چُنا۔ اور اُردو افسانے کو ایک نئے مزاج، نئی جہت اور عصری آگہی سے روشناس کرایا۔ اس طرح "انگارے" اگر ایک طرف ہندوستان میں ترقی پسند تحریک کے قیام کی بنیاد فراہم کرتا ہے تو دوسری طرف اُردو افسانے کے مردہ تن میں ایک نئی روح بھی پھونکتا نظر آتا ہے۔ جس کو اگر اُردو افسانے کے انقلاب کا نام دیا جائے تو بے جا نہ ہوگا۔ بقول میر عابد علی خاں:

"انگارے" ادیبوں کے اس سماجی احساس کا پہلا اظہار تھا کہ وہ زندگی کی تگ و دو میں خاموش تماشائی بھی نہیں۔ وہ زندگی کی ناکامیابیوں، بربادیوں اور تباہیوں کو دیکھ کر خاموش گزر نہیں سکتے۔ یہی وہ بلند احساس تھا کہ 'انگارے' کے لکھنے والوں نے بیمار کی نبض ڈھونڈی اور دیکھا کہ ہر جگہ تباہی اور گندگی ہے، سماجی اور سیاسی زندگی کے کئی گوشے کثافتوں کا شکار ہیں۔ زندگی بے بسی، لاچاری اور پشیمانی کا ایک استعارہ ہے۔ اگر اس تخریبی دھارے کو ختم نہ کیا جائے تو حشر تک انسانیت کو تباہی کا روگ لگا رہے گا۔[1]"

اس پس منظر میں "انگارے" اپنے وقت کی اہم ضرورت بن گیا۔ اس کی تاریخی اہمیت پر غلام سرور اس طرح رقمطراز ہیں:

"یہ مجموعہ تاریخی اہمیت رکھتا ہے ادبی نہیں۔ اس کے ادیب افراط کا جواب تفریط سے دے رہے ہیں۔ وہ خود معترف ہیں کہ یہ ہوا کا رُخ ظاہر کرنے کا ایک آلہ ہے۔ اور بس۔[2]"

اگرچہ یہ مجموعہ نقائص سے پاک تو نہ تھا مگر اس کی اہمیت اپنی جگہ مسلّم ہے۔

---

[1] میر عابد علی خاں۔ "انگارے اور اس کے بعد" (مضمون)، "سب رس" (ترقی پسند نمبر) جولائی ۱۹۴۴ء حیدرآباد۔

[2] غلام سرور۔ ترقی پسند تحریک (مضمون) نگار دسمبر ۱۹۵۰ء لکھنؤ۔

"انگارے" کا سب سے بڑا نقص، احتیاط کا فقدان اور بے اصولی انتہا پسندی تھی۔ اس وجہ سے اس کتاب کا تخریبی مقصد تو پورا ہو گیا مگر یہ کوئی تعمیری کام نہ کر سکی"۔[51]

اور اس طرح "انگارے" اور اس کے پس منظر نے رشید جہاں کو بہت کچھ سوچنے پر مجبور کر دیا۔ انھوں نے گھر کے اسلامی اور اصلاحی ماحول سے نکلنے کے بعد مغربی ماحول میں اپنی تعلیم مکمل کی تھی۔ ان حالات نے ان کو دونوں قسم کے ماحول کا تقابلی مطالعہ کرنے میں بہت مدد دی۔ اور ان کی ذہنی وسعت کو کافی فروغ حاصل ہوا۔ ان کا مطالعہ بہت عمیق تھا اور حقیقت کو گہرائی تک سمجھنے میں ان کو اعلیٰ درجہ کا شعور حاصل تھا۔ مغربی تعلیم نے بھی ان کو اپنے عہد کے تقاضوں، اقدار اور سیاسی و سماجی صورتِ حال کو سمجھنے میں بہت مدد دی۔ ان کو جاگیردارانہ نظام، مذہبی سخت گیری سے سخت چڑ تھی۔ گھر سے نکلنے کے بعد انھوں نے ایک آزاد فضا میں سانس لی تھی۔ لہٰذا غلامانہ ذہنیت ان کے نزدیک قابلِ نفرت تھی۔ اور وہ ہندوستانی سماج میں پھیلی ہوئی جنسی گھٹن، اقتصادی بدحالی اور عدم مساوات کو ایک لعنت سے تعبیر کرتی تھیں۔ ان سب وجوہات کی بنا پر انھوں نے اپنی تخلیقات میں اُن رِستے ہوئے پھوڑوں کا آپریشن کیا اور وہ بھی اس انداز سے کہ ان سے ایک عام نفرت سی پیدا ہو جاتی ہے۔ اس دور میں یہ ایک عظیم اور جرأت مندانہ اقدام تھا۔ جس نے قدامت پرستی کے ایوانوں کی بنیادوں کو ہلا کر رکھ دیا۔ اپنی تحریروں کے ذریعے انھوں نے ایک جاگتے ہوئے ہندوستان کا خواب دیکھا تھا۔ ان کی کہانیوں کے کردار اپنے اندر حقیقت پسندی کی تلخی اور تندی لے کر سامنے آئے تھے۔ اور انھوں نے قاری کے ذہن کو جھنجھوڑ کر رکھ دیا تھا۔

سنہ ۱۹۳۴ء سے سنہ ۱۹۳۶ء تک امرتسر میں قیام کا عرصہ رشید جہاں کی ادبی زندگی میں خصوصیت کا حامل ہے۔ اگر دیکھا جائے تو اس عرصے میں ہی ان کے فنی تخلیقی شعور کو عروج حاصل ہوا۔ شادی کے بعد وہ امرتسر آ گئی تھیں جہاں محمود الظفر وائس پرنسپل کے عہدے پر فائز تھے۔

---

۵۱ علام سرور، ترقی پسند تحریک (مضمون) نگار دسمبر ۱۹۵۱ء لکھنؤ۔

اسی کالج میں دین محمد تاثیر بھی پرنسپل کے فرائض انجام دے رہے تھے۔ وہ اپنی ادبی، تنقیدی اور سیاسی بصیرت کی وجہ سے نہ صرف ہندوستان میں بلکہ غیر ممالک میں بھی مشہور تھے۔ یہی وہ دور تھا جب امرتسر میں فیض احمد فیضؔ، مجیب الحسن، قاضی فرید اور کئی نئے ادیب اپنی سرگرمیوں کی محفل سجائے بیٹھے تھے۔ دوسری طرف لاہور میں میاں افتخار الدین اور ان کے گرد مارکسسٹ خیالات رکھنے والے نوجوان اکٹھا ہو رہے تھے۔ ان میں اردو ادب کے چوٹی کے ادیب، نامہ نگار اور شعرا بھی شامل تھے۔ اس طرح امرتسر اور لاہور میں جغرافیائی قربت کے ساتھ ساتھ ادبی قربت بھی پیدا ہو گئی تھی۔ امرتسر اور لاہور کی ہر شام ادب کے نام ہوا کرتی تھی۔ ان محفلوں میں مختلف النوع مباحثوں اور تنقیدوں سے ادبی تشنگی کو بجھایا جاتا تھا۔ اس ماحول میں رشید جہاں کو ان چوٹی کے ادیبوں اور دانشوروں کے قریب آنے کا موقع ملا جس سے ان کے ادبی شعور اور دانست کو مزید جلا ملی۔ اسی دوران یعنی ۱۹۳۷ء میں ان کی کہانیوں کا مجموعہ "عورت اور دیگر افسانے" کے نام سے لاہور سے شائع ہوا۔

"انگارے" کی اشاعت کے بعد سجاد ظہیر لندن چلے گئے تھے۔ ان کی واپسی کے بعد ۱۹۳۶ء میں جب ترقی پسند مصنفین کی تحریک شروع ہوئی تو اس کی تاسیس میں رشید جہاں نے جس جوش و خروش سے حصہ لیا وہ دیکھنے سے تعلق رکھتا تھا۔

اسی سال محمود الظفر نے امرتسر چھوڑنے کا ارادہ کیا۔ اُس وقت تک کانگریس کی باگ ڈور جواہر لال نہرو نے سنبھال لی تھی اور وہ ملک کے سارے نوجوانوں اشتراکیت پسندوں اور ترقی پسندوں کو تحریکِ آزادی میں شامل ہونے کی دعوت دے رہے تھے۔ لیکن اس کے برخلاف مارکسسٹ نظریات کے حامی نوجوانوں نے انگریزی حکومت کے خلاف ایک قومی محاذ بنانے کا فیصلہ کر لیا تھا۔ اور اس کو کامیاب بنانے کے لیے ایک جان ہو کر جٹ گئے تھے۔ مگر محمود الظفر اس تحریک میں رشید جہاں کی علالت کی وجہ سے حصہ نہ لے سکے۔ جس کی وجہ سے انھیں یوروپ کا سفر بھی کرنا پڑا۔ محمود الظفر اور رشید جہاں جب واپس آئے تو دہرہ دون میں ہی مقیم ہو گئے۔

دہرہ دون میں ۱۹۳۷ء سے ۱۹۴۲ء تک پانچ سال کا عرصہ بھی رشید جہاں کی شخصیت اور ان کی ذہنی صلاحیتوں کی آبیاری میں بہت زیادہ ممد و معاون ثابت ہوا۔ امرتسر میں اپنے قیام کے دوران انھیں اپنے نظریات کو عملی جامہ پہنانے کا موقع نہیں ملا تھا۔ انھوں نے اشتراکیت کے اُصولوں کو نظریاتی طور پر تو اپنا لیا تھا لیکن محنت کش اور غریب عوام کی پُر مشقت زندگی کا انھیں کوئی عملی تجربہ نہیں تھا۔ وہ مزدور کو بحیثیت مزدور ہی جانتی تھیں لیکن ان پانچ برسوں میں وہ محنت کش طبقے کے کافی قریب آگئیں۔ اس سے پہلے ان کی اپنی شخصیت سیاسی زندگی سے علیحدہ تھی۔ اس دوران وہ پوری طرح سیاسی میدان میں اُتر آئیں اور انھوں نے یہ بھلا دیا کہ وہ ڈاکٹر ہیں۔ یاد رہا تو صرف یہ کہ وہ پارٹی کی ایک کارکن ہیں۔ وہ مہتروں کی بستی میں جاکر زمین پر بیٹھ کر بالغوں کو تعلیم دیا کرتی تھیں اور آریہ سماج مندر میں جاکر ہندو عورتوں کو تنظیم میں شامل ہونے کے لیے آمادہ کرتیں۔ شہر کے مزدوروں کی یونین ہو یا طلبا کی تنظیم وہ ان سب کی سرگرمیوں میں پورے جوش و خروش سے حصہ لیا کرتی تھیں۔ دوسری طرف خود اپنی پارٹی کا انتظام، بیماروں کا علاج اور تیمارداری، روپوش ساتھیوں کی رہائش اور خرچ کا انتظام اور پارٹی اسکول کی دیکھ بھال وغیرہ وغیرہ قسم کی ذمہ داریاں تھیں جن کو انھوں نے کاندھوں پر اٹھا رکھا تھا۔ مگر اتنی دِقتوں، پریشانیوں اور سخت محنت کے باوجود ان کے پائے استقلال میں جنبش نہ آئی۔ جس راستے پر وہ چل پڑی تھیں اس پر کبھی واپس نہ ہوئیں۔ غرض انھوں نے اپنی شخصیت کو پوری طرح ان سرگرمیوں میں ضم کر دیا تھا اور مکمل طور پر کامریڈ رشید جہاں بن گئی تھیں۔ ان سب مصروفیات کے باوجود ان کی ادبی سرگرمیوں میں کوئی کمی نہ آئی البتہ اب ان میں ایک تبدیلی ضرور آگئی تھی وہ یہ کہ اب وہ افسانہ نگار ہی نہ تھیں بلکہ صحافی اور نامہ نگار بھی بن گئی تھیں۔ اسی دَوران انھوں نے سیاسی ماہنامہ "چنگاری" کی ترتیب و اشاعت کی ذمہ داری بھی سنبھال لی تھی۔ اس میں سیاسی مضامین لکھنے کے علاوہ ترجمہ نگاری، کتابت کی تصحیح، کاغذ کا انتظام اور دیگر اخراجات کی ذمہ داری بھی ان کے سر تھی۔ لیکن اپنی غیور طبیعت کی وجہ سے انھوں نے ان اخراجات یا اپنی نجی ضروریات کا بار کبھی بھی اپنی سسرال پر نہیں ڈالا۔ ان سب کی تکمیل کا ذریعہ ان کی پریکٹس ہی تھی۔

ایک وقت ایسا بھی آیا جب ان کو سیاسی کارکن کے بجائے سیاسی رہنما کے فرائض بھی انجام دینا پڑے۔ یہ دَور دوسری جنگِ عظیم کی ابتدا کا تھا۔ جب پارٹی کو غیر قانونی قرار دے دیا گیا تھا اور اگست ۱۹۴۰ء میں بیشتر سوشلسٹ کمیونسٹ اور دوسرے ترقی پسندوں کو گرفتار کر کے دیولی بھیج دیا گیا تھا۔ ان میں محمود الظفر بھی تھے لیکن وہ ان مشکلات سے ذرا بھی نہ گھبرائیں اور اپنی ذمہ داریوں کو بڑے صبر و تحمل، ہمت اور ہوشیاری سے نبھایا۔ اس گرفتاری کے خلاف رشید جہاں کے ساتھ دوسرے نظر بندوں کی بیویوں نے بھوک ہڑتال کر دی اور انگریزی حکومت پر زور ڈالا کہ وہ نہ صرف نظر بندوں کو رہا کرے بلکہ ان کی مانگوں کو بھی پورا کرے۔ آخر حکومت کو مجبور ہو کر ان نظر بندوں کو رہا کرنا پڑا اور پارٹی پر لگی پابندی کو بھی ہٹانا پڑا!

جنوری ۱۹۴۲ء میں وہ محمود الظفر کے ہمراہ دہرہ دون سے لکھنؤ چلی آئیں اور وہاں پریکٹس شروع کر دی۔ اس کے ساتھ ہی ان کی ادبی سرگرمیاں بھی جاری رہیں۔ لیکن اب ان کی تحریروں میں ایک خاص قسم کی پختگی آ گئی تھی اور ان میں حقیقت پسندی کے ساتھ گہری سوجھ بوجھ بھی جھلکنے لگی تھی اب وہ اس میدان کی ایک منجھی ہوئی کھلاڑی تھیں کیوں کہ اپنی بڑھتی ہوئی سیاسی اور سماجی سرگرمیوں کی نتیجے میں جوں جوں وہ عوام کے نزدیک آتی گئیں اور ان کے دکھ درد کو سمجھتی گئیں ویسے ویسے ان کے فن میں گہرائی آتی گئی۔

دہرہ دون اور لکھنؤ میں ان کا حلقۂ احباب کافی وسیع ہو گیا تھا کیوں کہ بقول ضیاءاللہ انصاری "وہ اچھی میزبان بھی تھیں"۔ ان کے گھر پر ہمیشہ ملک راج آنند، آل احمد سرور، فراق گورکھپوری، جوش ملیح آبادی اور مجاز جیسے ادبا اور شعراء کا ہجوم رہا کرتا تھا۔ ان لوگوں کی صحبت سے بھی انھوں نے کافی استفادہ کیا۔ ہیرن مکرجی، میاں افتخارالدین، شریفہ حامد علی اور بیگم حبیب اور بہت سے سیاسی رہنما ان کی زندہ دلی اور حاضر جوابی کے مداح تھے۔ غرض رشید جہاں کی زندگی کی نہ صرف ابتدا ہی ادبی ماحول سے ہوئی بلکہ ان کی باقی زندگی بھی اُردو ادب کی چیدہ چیدہ شخصیتوں کے درمیان گذری۔ اسی ادبی ماحول نے اور سیاسی حالات نے ان کے ذہنی اور فنی ارتقا میں بہت ہی اہم

کردار ادا کیا۔ اس کے ساتھ ہی "انگارے" کی اشاعت بھی ان کی ادبی زندگی کو پروان چڑھانے میں بہت معاون رہی جس کے ذریعے انھوں نے عزیز احمد کے بقول "سماج پر پہلا وحشیانہ حملہ کیا"۔ جیسے جیسے انگارے کے خلاف احتجاج کے طوفان میں تیزی اور تندی آتی گئی ویسے ویسے ان کے قلم کی بیباکی بھی بڑھتی گئی۔ ان کے فنی ارتقا پر تبصرہ کرتے ہوئے سید نورالحسن لکھتے ہیں:

"اس طرح اُردو ادب میں اس شاندار روایت کی داغ بیل پڑی جس نے آگے چل کر ہمارے ادب کو عصمت چغتائی، قرۃ العین حیدر، ممتاز شیریں، ہاجرہ مسرور، خدیجہ مستور اور رضیہ سجاد ظہیر جیسی افسانہ نگار بخشیں۔ اس طرح دیکھا جائے تو رشید جہاں ہمارے ادب میں ایک خاص روایت کی داغ بیل ڈالنے والی افسانہ نگار تھیں اور اس طرح ان کی تاریخی حیثیت مسلم ہے۔[1]"

خود عصمت چغتائی کو اس بات کا اعتراف ہے:

"غور سے اپنی کہانیوں کے بارے میں سوچتی ہوں تو معلوم ہوتا ہے کہ میں نے صرف ان کی بے باکی اور صاف گوئی کو گرفت میں لیا۔ ان کی بھرپور سماجی شخصیت میرے قابو میں نہ آئی۔ مجھے روتی، بسورتی، حرام کے بچے جنتی ماتم کرتی ہوئی نسوانیت سے ہمیشہ نفرت تھی۔ خواہ مخواہ کی وفا اور جملہ خوبیاں جو مشرقی عورت کا زیور سمجھی جاتی ہیں، مجھے لعنت معلوم ہوتی ہیں۔ جذباتیت سے مجھے ہمیشہ کوفت ہوئی ہے۔ عشق میں محبوب کی جان کو لاگو ہو جانا، خودکشی کرنا، واویلا کرنا میرے مذہب میں جائز نہیں —— یہ سب میں نے رشیدہ آپا سے سیکھا اور مجھے یقین ہے کہ

---

[1] سید نورالحسن۔ پیش لفظ (وہ اور دوسرے افسانے ڈرامے) صفحہ نمبر ۱۱۔ ۱۹۷۷ء۔ دہلی۔

رشیدہ آپا جیسی سو لڑکیوں پر بھاری پڑ سکتی ہیں[1]۔"

دوسری جگہ وہ رقمطراز ہیں:

"جو لوگ رشید جہاں سے مل چکے ہیں اگر وہ میری ہیروئن سے ملیں تو دونوں جُڑواں نظر آئیں گی کیوں کہ انجانے طور پر میں نے رشیدہ آپا کو اٹھا کر افسانوں کے طاقچے میں بٹھا دیا کہ میرے تصور کی دُنیا کی ہیروئن وہی ہو سکتی تھیں[1]۔"

اور اس طرح وہ اُردو کی پہلی خاتون افسانہ نگار تھیں جنھوں نے نہایت ہی بے باکی اور دلیری سے سماجی اور جنسی زندگی کے ان پہلوؤں کو اُجاگر کیا جن کا اظہار ایک سماجی گناہ تصوّر کیا جاتا تھا۔ انھوں نے پہلی بار ایک ایسی باغی عورت کے کردار کی عکاسی کی جو زندگی سے ہار ماننے کے بجائے آخری سانسوں تک جدوجہد کرتا نظر آتا ہے۔ ان کی ادبی شخصیت اور عظمت کے اعتراف میں ہاجرہ بیگم لکھتی ہیں:

"رشید جہاں کا کارنامہ یہ ہے کہ انھوں نے اپنی کہانیوں سے اپنے بعد لکھنے والی بیسیوں عورتوں اور لڑکیوں کے دماغوں کو متاثر کیا عصمت چغتائی، رضیہ ظہیر، صدیقہ بیگم سیوہاروی اور نہ جانے کتنی مصنف تھیں جنھوں نے رشید جہاں کے افسانوں، رشید جہاں کی زندگی اور رشید جہاں کی مسحور کن شخصیت کو مشعلِ راہ سمجھا اور اپنی تحریر سے اُردو ادب کو نئی بلندیوں پر پہنچایا[2]۔"

---

[1] عصمت چغتائی: فن اور شخصیت، آپ بیتی نمبر صفحہ ۱۰۲۔

[2] ہاجرہ بیگم۔ کچھ رشید جہاں کے بارے میں (مضمون) وہ اور دوسرے افسانے ڈرامے صفحہ ۱۹، ۱۹۷۷ء، دہلی۔

تخلیقات
ایک مختصر تعارف

افسانے

۱۔ سلمیٰ:

رشید جہاں کی یہ پہلی کہانی ہے جو خالص مشرقی ماحول کے پس منظر میں لکھی گئی ہے۔ کہانی انگریزی میں تھی جس کا اُردو ترجمہ آل احمد سرور نے کیا۔ بعد میں اس کو 'شعلۂ جوالہ' میں شامل کیا گیا۔

سلمیٰ کی منگنی اس کے پھوپھی زاد بھائی اقبال سے ہوتی ہے جو تعلیم کے سلسلے میں سات سال انگلینڈ میں رہ چکا ہے۔ اس وجہ سے وہ آزادیِ نسواں کا قائل ہو گیا ہے۔ لہٰذا وہ اپنے ملک کی عورتوں کو بھی آزاد اور بے باک دیکھنا پسند کرتا ہے۔ مگر مشرقی تہذیب کا دلدادہ ہونے کی وجہ سے خاندان کے لوگ سلمیٰ کا اقبال سے پردہ کراتے ہیں۔ سلمیٰ کی ایک سہیلی جمیلہ کا مزاج اس کے برخلاف ہے۔ وہ چہار دیواری کو قطعاً پسند نہیں کرتی۔ اقبال جمیلہ کی شوخی بے باکی اور آزاد روی کا دلدادہ ہو جاتا ہے اور یوں دونوں ایک دوسرے کے قریب آجاتے ہیں۔ بعد میں دونوں پر ایک دوسرے کی محبت کا راز آشکارا ہوتا ہے تو نہ صرف جمیلہ بلکہ اقبال بھی پریشان ہو جاتا ہے۔ وہ جمیلہ کو ایک خط میں ساری بات لکھ کر اس بات سے آگاہ کرنا چاہتا ہے کہ اب تک جو ہوا، آئندہ وہ اس کا ہی ہو کر رہے گا مگر سلمیٰ پر اس کا الٹا اثر ہوتا ہے اور اسی اُلجھن اور پریشانی میں وہ سیڑھیوں

سے گر جاتی ہے۔ میلی ڈاکٹر کو جب ساری حقیقت کا پتہ چلتا ہے تو وہ سلمیٰ کے والد کو اس سے آگاہ کرتی ہے۔ ایک روشن خیال باپ ہونے کی وجہ سے وہ اس کی منگنی توڑ دیتے ہیں۔

۲۔ سودا:

کہانی کا مرکزی کردار اپنی تین سہیلیوں اور ایک مرد دوست کے ساتھ رات میں تفریح کے لیے نکلتا ہے۔ سب لوگ کار سے ندی کے باندھ پر پہنچتے ہیں اور تفریح کے لیے نکل کھڑے ہوتے ہیں۔ پانچواں یعنی مرکزی کردار کار میں لیٹ کر اپنے ماضی کے پیار کی یادوں میں کھو جاتا ہے۔ اتنے میں ایک دوسری کار آکر رکتی ہے اور اس میں تین بُرقعہ پوش عورتیں اور پانچ چھ مرد اُترتے ہیں۔ دو مرد دو عورتوں کو لے کر جھاڑیوں میں چلے جاتے ہیں باقی تین مرد اور ایک عورت وہیں کھڑے ہو کر اپنی باری کے لیے قرعہ اندازی کرنے لگتے ہیں۔ کہانی میں صرف مکالموں کے ذریعے ہی منظر نگاری کی گئی ہے۔ لیکن انداز رمزیہ ہے۔ مصنفہ نے کہانی میں یہ بتانا چاہا ہے کہ مرد اور عورت کی باہمی کشش اور محبت ایک فطری جذبہ ہے جو کسی طرح گناہ نہیں۔ لیکن جنسی ہوس کی تسکین کے لیے کسی عورت سے سودا کرنا گناہ اور اخلاقی جُرم ہے۔ اختتام بڑے ہی معنی خیز جملے پر ہوتا ہے۔

"گناہ کرنا گناہ نہیں اس کا پکڑا جانا گناہ ہے۔"

۳۔ میرا ایک سفر:

یہ کہانی ایک مکتوب ہے جو ایک مسلمان لڑکی زبیدہ نے اپنی ہندو سہیلی شکنتلا کو لکھا ہے۔ اس دور میں جب فرقہ پرستی اپنے عروج پر تھی۔ یہ کہانی ایک بیباکانہ قدم تھی۔ کہانی کا نسوانی کردار جو ایک طالبہ ہے عجلت اور بدحواسی میں ٹرین کے تیسرے درجہ میں سوار ہو جاتی ہے جو مختلف مذاہب کی عورتوں سے کھچا کھچ بھرا ہوا تھا۔ ابتدائی منظر کشی کے بعد کہانی آگے بڑھتی ہے اور ایک معمولی واقعے کی بنا پر ہندو مسلم عورتوں

کے بیچ ایک جنگ میں تبدیل ہو جاتی ہے۔ شور جب ناقابلِ برداشت ہو جاتا ہے تو زبیدہ اٹھ کھڑی ہوتی ہے اور زنجیر کھینچنے کی دھمکی دیتی ہے تاکہ پولیس میں رپورٹ لکھوائی جا سکے۔ نتیجتاً تمام عورتوں کے ہوش ٹھکانے آجاتے ہیں۔ اور وہ ایک دوسرے سے معافی مانگ لیتی ہیں۔

۴۔ سڑک :

یہ کہانی بھی ایک مکتوب ہے جو پچھلی کہانی کے مکتوب کا جواب ہے۔ شگفتہ نے اپنے ماموں کے گھر کے سامنے والی سڑک پر ہونے والے واقعات پر بڑے دلچسپ انداز میں روشنی ڈالی ہے اور جگہ جگہ سماج کی برائیوں پر بڑے ہی عمدہ طنز کیے ہیں۔ ایک کردار کی ذہنی کیفیت کا نقشہ ملاحظہ ہو۔

"ان کی آنکھوں میں ہر وقت ننگی عورتیں ناچتی رہتی ہیں۔ ان کے خیالات ہر وقت عورتوں میں مشغول رہتے ہیں۔ یہاں تک کہ عورتوں کے جسمانی حصّوں کا نام لینے کے لیے وہ اپنے وعظ میں بھی جگہ نکال لیتے ہیں۔"

ایک اور طنز

"ایک ہندو عورت نے میری ممانی سے کہا " بہن جی یہ برقعہ بھی خوب چیز ہے۔ بڑے عیب چھپاتا ہے۔"

یہ کہانی رشید جہاں کے ترقی پسند خیالات کی سچی عکاسی کرتی ہے۔

۵۔ پُن :

اس کہانی میں سماج کی بدحالی، خستہ حالی اور مذہبی لوگوں کے کھوکھلے مظاہروں پر مبنی واقعات کو سمویا گیا ہے۔ ایک نوجوان ہے جو اپنے بھائی کو لینے علی الصبح اسٹیشن جاتا ہے۔ راستے میں اسے مختلف مناظر دیکھنے کو ملتے ہیں۔ ایک بھوکا ننگا فقیر جو جاڑے میں ٹھٹھر رہا ہوتا ہے۔ وہ اس کے ہاتھ پر ایک اٹھنّی رکھ دیتا ہے مگر بعد میں اپنی اس

ہمدردی پر خود شرمندہ ہو اُٹھتا ہے کیوں کہ اس کی یہ "فیاضی" اس کی ٹھٹھرن کو دور نہیں کر سکتی۔

دوسرے منظر میں کچھ عورتیں ہیں جو مندر جا رہی ہوتی ہیں۔ وہ ان کو دیویاں سمجھتا ہے۔ مگر جب دیکھتا ہے کہ ان کی دی ہوئی بھیک، بھکاریوں کے درمیان لڑائی کا باعث بن جاتی ہے تو اس کو ان سے نفرت ہو جاتی ہے۔

کہانی میں یہ بتانے کی کوشش کی گئی ہے کہ دکھاوے کے لیے جو پُن کیا جاتا ہے اس کے بطن سے ہی پاپ جنم لیتا ہے۔

۶۔ غریبوں کا بھگوان:

دُرگا کا شوہر دق میں مُبتلا ہو کر مر جاتا ہے۔ اس کی قلیل تنخواہ میں پہلے ہی مشکل سے گذارا ہوتا تھا اس کی موت کے بعد تو تین لڑکیوں اور ایک لڑکے کو پالنے میں اس پر مصیبتوں کے پہاڑ ہی ٹوٹ پڑے۔ شوہر کی موت سے پہلے اس کے دل میں برہمنوں کے لیے بڑی عزت تھی لیکن اس کی موت کے بعد اسے ان سے وحشت سی ہونے لگی اور وہ ان کو ایک طرح سے موت کا پیامبر ہی سمجھنے لگتی ہے۔ آخر کار وہ دن بھی آتا ہے جب اس کا لڑکا بیمار ہو جاتا ہے اور پیسے کی کمی سے اس کا علاج بھی نہیں ہو پاتا۔ لڑکے کی موت سے دُرگا پاگل ہو جاتی ہے۔ اس کی سمجھ میں یہی آتا ہے کہ امیروں کا بھگوان الگ ہے۔ اور غریبوں کا کوئی دوسرا۔ اس کا جواب ایک ڈاکٹر دیتا ہے۔ وہ کہتا ہے کہ غریبوں کا بھگوان غریبوں کے ہاتھ ہوتے ہیں۔

۷۔ استخارہ:

استخارہ توہم پرستی اور مذہبی امور کے غلط استعمال پر محیط ایک عمدہ کہانی ہے۔ خادم علی اپنی بیوی کنیز سے بے حد محبت کرتے ہیں اور اس کی ہر بات کو پورا کرنا اپنا فرض سمجھتے ہیں لیکن ان کو استخارہ کا خبط تھا۔ اگر استخارہ ان کو کسی بات کی اجازت نہ دیتا تو ہرگز

ہرگز اس کام کو نہ کرتے یہاں تک کہ استخارہ ہی کنیز کی موت کا سبب بن جاتا ہے جب دوسری بار کنیز حاملہ ہوتی ہے تو استخارہ نہ تو کسی اسپتال کی اجازت دیتا ہے اور نہ ہی کسی لیڈی ڈاکٹر کی۔ آخر کار جب ویدوں اور حکیموں سے کام نہ چلا تو خادم علی مجبور ہو کر بنا کسی استخارے کے ہی لیڈی ڈاکٹر لے آتے ہیں لیکن تب تک بہت دیر ہو چکی ہوتی ہے۔

۸۔ افطاری:

کہانی اس طبقاتی نظام پر مبنی ہے جہاں غریب اور غریب ہوتا جاتا ہے اور امیر امیر تر۔ مرکزی خیال افطاری کے گرد گھومتا ہے۔ رمضان میں افطار کے وقت جب ایک بوڑھا اندھا فقیر ڈپٹی صاحب کے دروازے پر صدا دیتا ہے تو بیگم صاحبہ کئی دن کی باسی جلیبیاں نصیباً کے ہاتھ بھجوا دیتی ہیں۔ اذان ہونے پر بوڑھا فقیر روزہ افطار نے کے لیے جلیبیاں منھ کی طرف لے جاتا ہے لیکن ہاتھ میں رعشہ ہونے کی وجہ سے جلیبیاں زمین پر گر جاتی ہیں تاک میں کھڑے کتے فوراً ہی ان کو ہڑپ کر جاتے ہیں۔ بوڑھا وہیں زمین پر بیٹھ کر اپنی لاچاری پر رونے لگتا ہے۔

کہانی میں کچھ دیگر کردار ہیں جو سماج میں پھیلی عدم مساوات پر طنز کرتے نظر آتے ہیں۔ خان ہیں جو مذہب پر سختی سے عمل پیرا ہونے کے باوجود سود کھانا جائز سمجھتے ہیں اور اندھے فقیر کی بے بسی اور لاچاری پر قہقہے لگاتے ہیں۔ نسیمہ ہے جو اپنے بیٹے اسلم کو یہ بتاتی ہے کہ روزہ صرف غریبوں کے لیے ہے اور اسی دنیا میں جنت بھی ہے اور جہنم بھی۔

۹۔ مجرم کون؟ :

جج رابنسن ایک ذمہ دار عہدے پر فائز ہے اور عمر کی اس حد سے گذر چکا ہے جب آدمی عشق میں اندھا ہو جاتا ہے۔ لیکن پھر بھی وہ ایک شادی شدہ خاتون

مسز بلیک کے عشق میں بُری طرح گرفتار ہو جاتا ہے۔ دوسری طرف بھی برابر کی آگ لگی ہوئی ہے۔ نتیجتاً بات زبان زدِ عام ہو جاتی ہے۔ ہندوستان میں انگریزوں کی رُسوائی نہ ہو۔ طے یہ پاتا ہے کہ دونوں کو انگلینڈ بھیج دیا جائے جہاں مسز اپنے شوہر سے طلاق لے کر رابنسن سے شادی کرے۔

اسی کہانی میں عشق کی ایک دوسری تصویر بھی ہے۔ یہ کہانی بھی پہلی کہانی کی طرح ہی ہے مگر اس کے کردار نچلے طبقے سے تعلق رکھتے ہیں اور یہی ان کا جرم ہے۔ بھولا گڈریا مٹرو کی بیوی گجریا سے عشق کرنے لگتا ہے۔ سماج جب دونوں پر پابندیاں لگاتا ہے تو یہ گھر سے بھاگ جاتے ہیں۔ پولیس دونوں کو پکڑ کر مقدمہ قائم کرتی ہے اور جج رابنسن بجریا کو بھگانے کے جرم میں بھولا کو تین سال قید کی سزا سناتا ہے۔

۱۰۔ چھدا کی ماں :

کہانی کا مرکزی کردار چھدا کی ماں ہے جس کی نظر میں بہوویں محض ایک کھلونا ہیں۔ چھدا کی ماں اپنے بیٹے چھدا کی یکے بعد دیگرے کئی شادیاں کرتی ہے۔ ہر بار وہ بڑے چاؤ سے بہو بیاہ کر لاتی ہے مگر بعد میں ہر بہو میں کیڑے نظر آنے لگتے ہیں۔ اس کی وجہ یہ ہے کہ وہ بیٹے پر اپنا اور صرف اپنا ہی حق سمجھتی ہے۔ مگر برادری کے ڈر سے چھدا کی شادی کرنے پر مجبور ہے۔ آخری بہو پچھلی ساری بہوؤں کی کسر نکال لیتی ہے اور چھدا کو اپنے قبضے میں کر کے اپنی ساس کو سیدھا کر دیتی ہے۔

کہانی خود عورت کے ہاتھوں دوسری عورت کے استحصال کی اچھی تصویر پیش کرتی ہے۔

۱۱۔ فیصلہ :

صفیہ ایک اصول پسند لڑکی ہے جس کی شادی پولیس کے ایک اعلیٰ افسر سے ہوتی ہے۔ اپنی اصول پرستی اور قول و فعل میں یکسانیت کے باعث صفیہ اپنے شوہر میں روایتی

پولیس افسروں کی خرابیاں نہیں دیکھنا چاہتی۔ ایک بار جب وہ اپنے شوہر کے ساتھ شکار کے لیے جاتی ہے تو اس کے انتظامات وہاں کے داروغہ کے سپرد کیے جاتے ہیں۔ بل کے نام پر بہت ہی معمولی رقم دیکھ کر صفیہ حیران رہ جاتی ہے۔ کہانی کے اختتام پر جب ایک انگریز افسر کی بیوی ہندوستانیوں کو بے ایمان قرار دیتی ہے تو صفیہ اس کو بری طرح لتاڑتی ہے اور ثابت کرتی ہے کہ بے ایمان ہندوستانی نہیں بلکہ انگریز ہیں

۱۲۔ صفر :

صفر نظریاتی اختلافات کی کہانی ہے۔ جج عطا اللہ خاں انفرادی ترقی کے حق میں ہیں جب کہ ان کا ایک بیٹا سعید مارکس کے نظریات کا حامی ہونے کی وجہ سے پورے سماج کی بھلائی اور ترقی کے حق میں ہوتا ہے۔ چوں کہ جج صاحب کے دوسرے بیٹے اپنے باپ کے نقشِ قدم پر چلتے ہیں اس لیے جج صاحب سعید کی موجودگی کو صفر سمجھتے ہیں اور اس کو گھر سے نکل جانے کو کہتے ہیں۔

۱۳۔ آصف جہاں کی بہو :

آصف جہاں ایک کلکٹر کی بیوی ہیں۔ ان کی دس اولادوں میں صرف ایک بیٹا ہی بچا ہے۔ میکے اور سسرال میں بُعد نہ پڑے۔ لہٰذا وہ اپنی نند کبریٰ کی لڑکی سے شادی کرنا چاہتی ہیں مگر ہر بار کبریٰ کے یہاں اولادِ نرینہ ہی پیدا ہوتی ہے تو ان کو بڑی مایوسی ہوتی ہے۔ آخری بار جب ان کی نند کبریٰ کے یہاں لڑکی پیدا ہوتی ہے تو ان کی خوشی کا کوئی ٹھکانا نہیں رہتا۔ کہانی کا مرکزی خیال آصف جہاں کی بہو تو صرف کہانی کو آگے بڑھانے کا ذریعہ ہے۔ رشید جہاں دراصل اس کہانی کے ذریعے زچہ بچہ کے مسائل فرسودہ روایات اور جہالت کو اُجاگر کرنا چاہتی ہیں۔

۱۴۔ وہ :

'وہ' ایک طوائف ہے جس کے عہدِ شباب کی رنگینیاں لوٹنے کے بعد سماج اس

کو امراضِ خبیثہ سے لڑنے کے لیے تنہا چھوڑ دیتا ہے۔ کسی کو اس سے ہمدردی نہیں ہوتی۔ ہر شخص اس کو دھتکارتا ہے اور اُس کی موجودہ زندگی کے لیے اُس کو ہی ذمہ دار ٹھہراتا ہے۔ طوائف کی زندگی پر بہت سی کہانیاں پڑھنے کو ملتی ہیں مگر اس کے انجام کی طرف اشارہ رشید جہاں نے ہی کیا ہے۔ طوائف کے گرد گھومنے کے باوجود کہانی ہر طرح کی آلائش اور رنگینیِ خیال سے پاک ہے۔

۱۵۔ ساس اور بہو:

کہانی صدیوں پرانے مسئلے پر لکھی گئی ہے جیسا کہ نام سے ہی ظاہر ہے۔ وہی ساس اور بہو کے بیچ کی دوریاں۔ ساس اپنی بہو میں جو خرابیاں دیکھتی ہے ان ہی کو اپنی لڑکی کی خوبیاں جانتی ہے۔ ایک طرف روشن خیال پڑھی لکھی بہو ہے تو دوسری طرف پرانے خیالات میں محصور ساس ہے جو یہ بھول جاتی ہے کہ وہ بھی کبھی بہو تھی۔ کہانی دونسلوں کے بیچ چلے آرہے صدیوں پرانے اختلافات کو دور کرتی نظر نہیں آتی۔

۱۶۔ چور:

کہانی چور میں رشید جہاں نے یہ بتانے کی کوشش کی ہے کہ چور صرف وہی نہیں ہے جو رات میں لوگوں کے گھر چوری کرتا ہے بلکہ اس سے بڑے چور تو وہ سفید پوش ہیں جو شان سے بڑے بڑے بنگلوں اور کوٹھیوں میں رہتے ہیں عوام پر حکومت کرتے ہیں اور ان کے حقوق سلب کر کے اپنے بھرے ہوئے پیٹوں کو اور بھی بھرنے کی دوڑ بھاگ میں لگے ہوئے ہیں۔

۱۷۔ اندھے کی لاٹھی:

کہانی شروع ہوتی ہے دو بھائیوں کی رنجش سے جو آخر بیویوں کے کہنے میں آکر علیحدگی اختیار کر لیتے ہیں۔ ایک بھائی اقبال کے حصے میں پھوپھی کی دولت آتی ہے

لیکن خدا دوسرے بھائی اصغر کو اولاد کی نعمت سے نوازتا ہے۔ اور یہی دولت اصل جھگڑے کی بنیاد ہے۔ آخر بیس سال کے بعد اقبال کے یہاں دو بیٹیاں ہوتی ہیں۔ اس کی دولت ہتھیانے کے لیے اصغر اپنی بیوی کے کہنے میں آکر اپنے بیٹوں کا پیغام اقبال کی دونوں ہم شکل بیٹیوں کے لیے دیتے ہیں۔ مگر اقبال کے مرنے کے بعد اس کی دلہن یہ منگنیاں توڑ دیتی ہے اور چوری چھپے ایک مولوی صاحب کے بیٹوں سے ان کی شادی کر دیتی ہے۔ سوئے اتفاق ہم شکل ہونے کی وجہ سے دونوں بیویاں آپس میں بدل جاتی ہیں اور صبح ہونے پر ہی یہ راز کھل پاتا ہے۔

۱۸۔ وہ جل گئی:

اشوک اپنی بچپن کی ساتھی بملا کے ساتھ کھیل کود کر بڑا ہوتا ہے۔ بڑا ہونے پر امیری اور غریبی کے درمیان فرق ان کو دور کر دیتا ہے۔ اشوک ایک اردلی بن جاتا ہے اور بملا چونکہ ایک امیر و کبیر گھرانے سے تعلق رکھتی ہے اس لیے اس کی شادی ایک راجہ صاحب سے ہو جاتی ہے مگر جلد ہی یہ شادی ناکامی میں بدل جاتی ہے اور اس غم کو شراب اور نت نئے ساتھیوں کی صحبت میں گزار کر ہلکا کرنا چاہتی ہے۔ آخر ایک دن شراب کے نشے میں جلتی سگریٹ سے اس کے کمرے میں آگ لگ جاتی ہے اور وہ جل کر مر جاتی ہے۔

۱۹۔ انصاف:

رام سنگھ راجہ بہاری لال کے چپراسی کا لڑکا ہے۔ ایک بار راجہ صاحب رام سنگھ کی ذہانت دیکھ کر اپنے بیٹے پریتم کے ساتھ کھیلنے کودنے اور پڑھنے کی اجازت دے دیتے ہیں۔ رام سنگھ چونکہ پریتم سے زیادہ ذہین تھا اس لیے وہ ہمیشہ پڑھائی میں اس سے آگے رہتا مگر راجہ صاحب کا لڑکا ہونے کی وجہ سے پریتم کو ہی زیادہ نمبر ملتے۔ اس ناانصافی پر رام سنگھ راجہ صاحب کے پاس جاتا ہے مگر انصاف ملنے کے بجائے اس کی

پڑھائی ہی بند کرادی جاتی ہے ـــــ اس ڈر سے کہ مبادا وہ افسر بن کر راجہ صاحب کے لڑکے پر ہی حکم چلائے۔

۲۰۔ بے زبان :

بے زبان ایک کنواری لڑکی صدیقہ بیگم کی کہانی ہے جو فرسودہ رسم و رواج میں جکڑی ہونے کی وجہ سے کنواری ہی بیٹھی رہ جاتی ہے مگر اس کی ماں لڑکے والوں کو شادی سے پہلے دکھانا ایک گناہِ عظیم سے کم نہیں سمجھتی۔ اور اگر پاس پڑوس میں کوئی خاندان ایسا کرتا بھی ہے تو اس پر لعن طعن کرتی ہے۔ بے زبان صدیقہ بیگم شادی کی خواہش رکھتے ہوئے بھی کچھ احتجاج نہیں کر سکتی ہے کیوں کہ وہ سماجی بندشوں میں جکڑی ہوئی ہے۔

ان ۲۰ افسانوں کے علاوہ اور کوئی افسانہ دستیاب نہیں ہو سکا حالانکہ ہاجرہ بیگم کے مطابق رشید جہاں نے ۱۹۳۲ء سے ۱۹۵۲ء کے درمیان تقریباً ۲۵، ۳۰ افسانے لکھے تھے لیکن اُن کی فہرست اِن کے پاس بھی نہیں تھی۔

ڈرامے

۱۔ پردے کے پیچھے :

ڈرامہ دو کرداروں، آفتاب بیگم اور محمدی بیگم کے گرد گھومتا ہے۔ پورا ڈرامہ دونوں کرداروں کی گفتگو کے سہارے آگے بڑھتا ہے۔ دونوں کے مسائل جُداگانہ ہیں۔ محمدی بیگم شاکی ہیں اپنے شوہر کی جنسی ہوس کی۔ اگر اس ہوس کو پورا کرنے میں ذرا بھی کوتاہی ہو جاتی ہے تو میاں فوراً ہی دوسری شادی کی دھمکی دیتے ہیں۔ اسی وجہ سے انھوں نے بچوں کو ماں کا دودھ نہیں پینے دیا۔ دوسری طرف آفتاب بیگم ہیں جو بقول ان کے پہروں ناک رگڑواتی تھیں تب کہیں جا کر شوہر کی خواہش پوری کرتی تھیں۔ درمیان میں چھوٹے چھوٹے دوسرے کردار بھی آتے ہیں جن کا کوئی براہِ راست تعلق ڈرامے سے

نہیں ہے وہ صرف ماحول کی یکسانیت دُور کرنے کے لیے آتے ہیں۔ مجموعی طور پر مرد کی ہوس پرستی کو ہی نشانہ بنایا گیا ہے جس نے عورت کو بچّے جننے کی مشین بنا کر رکھ دیا ہے۔

۲۔ عورت:

مولوی عتیق اللہ ڈرامے کا مرکزی کردار ہے جو اپنی جنسی بوالہوسی کو شریعت کے پردے میں چھُپا کر دوسری شادی کرنے پر آمادہ ہے۔ بہانہ یہ ہے کہ بیوی کی اولاد بچپن میں ہی فوت ہو جاتی ہے۔ دوسری شادی کے لیے وہ طرح طرح کے بہانے تراشتا ہے کبھی تو وہ خواب میں کسی بزرگ کی بشارت کا قصہ سُناتا ہے جو اس سے دوسری شادی کے لیے کہہ رہے ہیں اور کبھی دوسرا کوئی بہانہ۔ اس کی بیوی اپنے ڈھکوسلے باز شوہر کا ڈٹ کر مقابلہ کرتی ہے اور آخر کار مولوی کو ہار ماننا پڑتی ہے۔

۳۔ گوشۂ عافیت:

رشید جہاں کا یہ ڈرامہ ہلکا پھُلکا نیم رومانی و مزاحیہ انداز لیے ہوئے ہے۔ ارشد ایک چاہنے والا شوہر ہے لیکن اپنی بیوی صغرا کے شکی مزاج اور وقت بے وقت سوالات سے بہت پریشان ہے۔ اس لیے اس جیسے دوسرے دوستوں نے مل کر ایک کلب قائم کیا ہے جہاں یہ سب گھریلو جھنجھٹوں اور مسائل سے فرار حاصل کر کے چین کی کچھ گھڑیاں گزارا کرتے ہیں۔ لیکن ارشد کا زیادہ وقت گھر سے باہر گذارنے پر اس کی بیوی کو شک ہو جاتا ہے کہ ارشد کے تعلقات کسی دوسری عورت سے ہیں لہٰذا وہ اپنی ماں کے ساتھ سراغ لگاتی ہوئی اس گوشۂ عافیت میں جا پہنچتی ہے اور اس طرح اس امن کے گہوارے کا بھانڈا پھُوٹ جاتا ہے۔

۴۔ پڑوسی:

یہ ڈرامہ جو ہندو مسلم اتحاد کا پیغام لیے ہوئے ہے۔ ہر دو فرقوں کے کرداروں

کے سہارے آگے بڑھتا ہے۔ ہر فرقہ دوسرے فرقہ پر شک کرتا ہے لیکن ایک جمعدارنی ہے جو ان میں سے کسی میں بھی کوئی فرق نہیں کرتی کیوں کہ اس کو ہندو اور مسلمان دونوں کے "میلے" میں کوئی فرق دکھائی نہیں پڑتا۔ آخر میں ایک کردار بھارتی بیگم سامنے آتا ہے جو نہ ہندو ہے اور نہ ہی مسلمان بلکہ یہ ایک سیکولر ذہن کی نمائندگی کرتا ہے جو سماج کی اصلاح کے لیے کوشاں ہے۔

۵۔ ہندوستانی :

سیاست، فرقہ وارانہ فساد، الیکشن یہ ڈرامہ ان موضوعات پر مبنی ہے۔ ایک طرف اشرف اور سیتا اور رضیہ اور سریش ہیں جو ایک دوسرے پر دل وجان سے فدا ہیں تو دوسری طرف رضیہ کے والد ہیں جو فساد کرا کے اپنے ووٹ بڑھانا چاہتے ہیں۔ گو اشرف ایک ہندو لڑکی سے پیار کرتا ہے لیکن اس کو یہ گوارہ نہیں کہ اس کی بہن رضیہ مسلمان ہو کر سیتا کے بھائی سریش سے پیار کرے جب کہ یہی اعتراض سریش کو اپنی بہن سیتا کے سلسلے میں ہے۔ آخر میں فساد میں جانوں کی تباہی اشرف اور سریش کی آنکھیں کھول دیتی ہے اور دونوں ہی سیتا اور رضیہ سے شادی کرنے چل دیتے ہیں۔

۶۔ کانٹے والا :

جس طرح ریل گاڑی کا راستہ بدلنے کے لیے کانٹے والے کی ضرورت ہوتی ہے۔ اسی طرح کسی فرسودہ نظام کو بدلنے کے لیے ایک انقلاب کی ضرورت ہوتی ہے۔ ڈرامہ کانٹے والا اسی ضرورت کی طرف اشارہ کرتا ہے۔ حالانکہ انگریز ملک سے جا چکا ہے مگر اپنی چھاپ چھوڑ گیا ہے اور اس طرح حکام وقت اور سرمایہ دار جو غریب عوام کا خون چوس چوس کر اور موٹے ہو رہے ہیں، کے خلاف دوکی اور برساتی اٹھ کھڑے ہوتے ہیں۔

یہی اس ڈرامے کا اختتام ہے۔

۷۔ مرد و عورت:

رشید جہاں کا یہ ڈرامہ ایک بے حد کمزور تخلیق ہے۔ ایک مرد ہے اور ایک عورت ہے۔ دونوں ہی تعلیم یافتہ اور برسر روزگار ہیں۔ مرد تعلیم یافتہ ہونے کے باوجود اپنی روایات سے چمٹا رہنا چاہتا ہے۔ وہ عورت سے بے حد پیار کرتا ہے لیکن ساتھ ہی یہ بھی چاہتا ہے کہ عورت اپنی نوکری چھوڑ دے لیکن عورت اس پر تیار نہیں ہوتی ہے۔ کافی بحث اور دلائل کے باوجود بھی یہ اختلاف تو ختم نہیں ہوتا لیکن ڈرامہ ختم ہو جاتا ہے۔

۸۔ بچوں کا خون:

یہ ایک ریڈیائی ڈرامہ ہے جو بعد میں "نئی تصویریں" (۱۹۴۲ء) میں شائع ہوا تھا۔ ڈرامہ جاپانیوں کے ظلم و ستم اور فاشزم کے طوفان کے گرد گھومتا ہے۔ جاپانیوں نے چین کے عوام پر ظلم و ستم کے جو طریقے رائج کیے تھے ان کی مثال مشکل ہی سے ملتی ہے۔ ایک طریقہ تھا پچکاریوں کے ذریعے، بچوں کے جسم سے خون کی ایک ایک بوند کھینچ لینا۔ پھر اس خون کی باقاعدہ تجارت ہوتی تھی۔ اسی ظلم سے بچنے کے لیے چینی عورتیں اپنے بچوں کو اِدھر اُدھر چھپاتی پھرتی تھیں۔

۹۔ نفرت:

یہ ڈرامہ بھی ایک ریڈیائی ڈرامہ ہے جو "نئی تصویریں" میں شامل کیا گیا تھا اور جو جنگ سے متعلق ہے۔ یہ ڈرامہ روسیوں کے ساتھ جرمنی کی چیرا دستیوں اور زبردستیوں کی تصویر پیش کرتا ہے۔

مضامین:

۱۔ پریم چند اور ترقی پسند ادیبوں کی پہلی کانفرنس:

یہ مضمون دراصل ایک یادداشت ہے جو رشید جہاں نے پریم چند سے

اپنی ملاقات کے بعد تحریر کیا تھا۔ لیکن اس کی تاریخی اہمیت اپنی جگہ مسلم ہے کیونکہ یہ ترقی پسند ادیبوں کی پہلی کانفرنس کے بارے میں کافی معلومات فراہم کرتا ہے۔ اس کے علاوہ یہ منشی پریم چند جو اس وقت شہرت کی بلندیوں پر پہنچ چکے تھے کی شخصیت کے کچھ پہلوؤں پر بھی روشنی ڈالتا ہے۔

۲۔ ہماری آزادی:

یہ مضمون چنگاری فروری ۱۹۳۹ء میں شائع ہوا تھا۔ سیاسی موضوع پر یہ ان کا پہلا مضمون تھا۔ جب بمبئی کی کانگریسی حکومت نے مزدوروں کے حقوق کے خلاف بل پاس کیا تو مزدوروں نے اس کی مخالفت میں ایک زبردست ہڑتال کی جس کے جواب میں حکومت نے ان پر گولیاں چلائیں۔ یہ مضمون اس ظلم کے خلاف ایک احتجاج کے بطور لکھا گیا تھا۔ آخر میں یہ مضمون سیاسی پروپیگنڈے کی شکل اختیار کر لیتا ہے اور وہ مکمل طور پر ایک کمیونسٹ حکومت کی حمایت پر اتر آتی ہیں۔

افسانے

تنقیدی مطالعہ

رشید جہاں نے اس وقت لکھنا شروع کیا جب افسانے کو اظہار کا ذریعہ نہیں بنایا گیا تھا گو اس وقت بھی خواتین افسانہ نگاروں کی کمی نہ تھی اور طاہرہ دیوی شیرازی، نذر سجاد، حجاب امتیاز علی وغیرہ اپنے قلم کے جوہر دکھا رہی تھیں مگر ان میں سے کسی نے بھی مروّجہ روش سے ہٹ کر صنفِ نازک کی زندگی اور ان کے مسائل پر کچھ لکھنے کی ضرورت محسوس نہیں کی تھی۔ اس دَور کی کہانیاں خواب آگیں ہوا کرتی تھیں جن کا ماحول انتہائی رومان پرور اور انجام طربیہ یا المیہ ہوا کرتا تھا۔ ان میں نئے طرز و احساس کا فقدان تھا۔ کردار نگاری نہایت کمزور اور مصنوعی لگتی تھی کیوں کہ یہ کردار ایسے طبقے کی عکاسی کرتے نظر آتے تھے جو زمانے کے دُکھ درد سے بالکل ناآشنا تھے۔ اس زمانے میں افسانہ نگاری کے فن سے زیادہ افسانے کے اصلاحی پہلو یا انشاپردازی پر زیادہ زور دیا جاتا تھا۔ یہی وجہ تھی کہ ان کے افسانے حقیقت سے دُور مثالی رومانی یا تفریحی ہوتے تھے۔ اور کبھی کبھی تو بیانیے کے سپاٹ اور بوجھل ہونے کی وجہ سے افسانوں سے زیادہ مضمون معلوم ہوتے تھے۔ ان میں کچھ ایسے تخلیق کار بھی تھے جن کی تخلیقات انشاپردازی کی مثال قائم کرتی محسوس ہوتی تھیں یا کچھ پر شاعری کا غلبہ دکھائی دیتا تھا۔ اس طرح یہ افسانے اُس زندگی سے جو ایک مخصوص عہد کی پہچان قائم کرتی ہے، عاری اور فکری و فنی لحاظ سے محدود ایک دائرے میں مقید ہو کر

رہ گئے تھے۔ لہٰذا رشید جہاں نے اپنے پیش رو افسانہ نگاروں کی طرح اور اس زمانے کے چلن کے مطابق افسانے کی رومان پرور وادیوں کی آسان راہوں پر اپنے قلم کے گھوڑے دوڑانے اور اسلوب کی بھول بھلیوں میں خود کو گم کرنے کے بجائے حقیقت پسندی کی پُرخار راہوں پر چلنا زیادہ پسند کیا۔ اس طرح انھوں نے اردو ادب کی راہوں میں نئے چراغ روشن کیے اور اپنے بعد آنے والی نسلوں کے لیے ایک نئی بنیاد ڈالی۔ آگے چل کر عصمت چغتائی، ہاجرہ مستور، خدیجہ مستور، رضیہ سجاد ظہیر، جیلانی بانو، قرۃ العین حیدر، صدیقہ بیگم، شکیلہ بیگم، اور واجدہ تبسم جیسی خواتین افسانہ نگاروں نے اسی روایت کی مختلف شکلوں میں توسیع کی۔

رشید جہاں کے افسانوں کو اگر افسانے کے اجزائے ترکیبی کی مروجہ کسوٹی پر پرکھا جائے تو ان میں سے بعض افسانے تو بالکل ہی کھرے نہیں اُترتے جب کہ بعض کسی حد تک ان تقاضوں کو پورا کرتے نظر آتے ہیں۔ صرف کچھ افسانے ہی ایسے ہیں جن کو کامیاب کہا جا سکتا ہے۔

پلاٹ و موضوعات

رشید جہاں نے اپنے افسانوں میں موضوع کو سب سے زیادہ اہمیت دی ہے۔ ان کے افسانوں کے زیادہ تر پلاٹ سادے اور پیچیدگیوں سے مبرا ہیں۔ اس وجہ سے وہ آسانی سے اپنی بات قاری تک پہنچا دیتی ہیں اور قاری بنا کسی رکاوٹ اور اُلجھن کے آگے بڑھتا چلا جاتا ہے۔ پلاٹ روزمرّہ کی زندگی کے معمولی معمولی واقعات پر تعمیر کیے گئے ہیں۔ ان کے افسانے اس لحاظ سے اچھوتے کہے جا سکتے ہیں کہ انھوں نے پہلی بار عورت کے مسائل کو عورت کے نقطۂ نظر سے پیش کیا ہے۔

رشید جہاں ابتدا ہی سے انقلابی ذہن کی مالک تھیں یہی وجہ ہے کہ اس دَور کی مذہبی انتہاپسندی اور جھوٹی اخلاقیات کے مسائل ان کے قلم کی تیز دھار سے بچ نہیں سکے۔ اس کے ساتھ ہی انھوں نے سماجی طبقات کے اقتصادی مسائل کو سب سے زیادہ اہمیت دی ہے۔ ان

کے بیشتر افسانوں کا موضوع خواتین خصوصاً مسلم خواتین کے مسائل رہے ہیں۔ انھوں نے اپنے افسانوں میں عورت اور اس کی ذہنی پسماندگی، شکست خوردگی اور بے بسی کے احساس کو اُجاگر کرنے میں سکاراز ورِ قلم صرف کیا ہے۔ بقول ہاجرہ بیگم

"وہ ایک اوسط گھرانے کے مسلمان خاندان سے تعلق رکھتی تھیں۔ اس لیے ان کے مسائل سے بہت اچھی طرح واقف تھیں۔ انھوں نے اپنی تحریروں میں جن مسائل کو اپنایا ہے۔ ان ہی مسائل کو لے کر عصمت چغتائی، ہاجرہ مستور اور خدیجہ مستور وغیرہ آگے بڑھیں۔"

یہ ایک مختصر ترین افسانہ ہے جو "انگارے" کے صرف چار کراؤن سائز کے صفحات پر مشتمل ہے۔ افسانے کی مرکزی کردار ملکہ بیگم جو اپنی سب ملنے والیوں میں پہلے پہل ریل میں بیٹھی تھیں، محلے والیوں کو اپنے سفر کی داستان سُناتی ہیں جس کا لب لباب یہ ہے کہ اپنے شوہر کے ساتھ دلی کی سیر کرنے کی غرض سے گئی تھیں پر ان کے شوہر انھیں وہیں چھوڑ کر اپنے کسی دوست کے ساتھ کہیں چلے جاتے ہیں۔ بیچاری ملکہ بیگم برقع اوڑھے اسٹیشن پر بیٹھی اپنے اسباب کی نگرانی کرتی ہیں اور مسافروں کی ٹیڑھی ترچھی نگاہوں، معنی خیز اشاروں اور گھٹیا قسم کے جملے بازیوں سے زچ ہوتی رہتی ہیں۔ جب ان کے میاں واپس آتے ہیں تو وہ گھبرا کر کہتی ہیں کہ خدا کے لیے مجھے میرے گھر پہنچا دو۔ میں باز آئی اس مُوئی دلی کی سیر سے۔ اس افسانے میں رشید جہاں نے نہایت خوش اسلوبی کے ساتھ ہمارے معاشرے میں مردوں کی حاکمانہ برتری، ان کی جانب سے خواتین کے لیے بے رحمانہ لاتعلقی اور عورت کی بے بضاعتی کی حقیقی عکاسی کی ہے۔ محمود الظفر کے الفاظ میں:

"رشید جہاں ایک ڈاکٹر ہیں اور انھیں خواتین کے معاملات و معمولات کا خاصہ تجربہ ہے۔ اسی تجربے سے فائدہ اٹھاتے ہوئے انھوں نے

لے سلام مچھلی شہری۔ "شمع بجھ کر سُرخ تارا بن گئی" (مضمون) شاہراہ، اکتوبر ۱۹۵۲ء صفحہ نمبر ۵۶ دہلی۔

افسانوں میں پردے کے پیچھے کیے جانے والے مسلم خواتین کے وحشت ناک استحصال کی عکاسی کی ہے۔[1]

حالاں کہ بعد میں عصمت چغتائی کا موضوع بھی کم و بیش یہی رہا ہے۔ انھوں نے سماج کی اس صنف کی زندگی، اس کے معاملات و مسائل بالخصوص جنسی و نفسیاتی معاملات نہایت ہی جرأت مندی اور بے باکی سے اپنی تخلیقات میں پیش کر کے اُردو افسانے کو ایک نئی جہت سے روشناس کرایا ہے۔ لیکن رشید جہاں نے ان سے پہلے انہی موضوعات کو مختلف زاویوں سے دیکھا اور ان پر قلم اٹھایا انھوں نے مرد کی حاکمانہ برتری اور اقتدار پسند رویے کی نفسیات کا تجزیہ کر کے معاشرے کے اس ناسور کو کریدنے کی کوشش کی ہے جس کا احساس شاید خود عورت کو بھی نہیں ہے۔

رشید جہاں نے اپنا پہلا افسانہ 'سلمیٰ' انگریزی میں لکھا تھا۔ اس کی وجہ بالکل سامنے ہے۔ جس وقت انھوں نے افسانہ لکھنے کے لیے قلم اٹھایا وہ پوری طرح ازابیلا تھوبرن کالج کے انگریزی ماحول کا اثر قبول کر چکی تھیں اس کی دوسری وجہ انگریزی ذریعۂ تعلیم تھی۔ غالباً یہی دو وجوہات تھیں جن کی بنا پر انھوں نے اپنا مافی الضمیر انگریزی میں ظاہر کرنا زیادہ مناسب سمجھا۔ مگر بعد میں جب انھوں نے باقاعدہ ایک افسانہ نگار کی حیثیت سے اپنے آپ کو متعارف کرایا تو اُردو زبان کو ہی اپنایا کیوں کہ وہ جانتی تھیں کہ جس طبقے کے لیے وہ لکھ رہی ہیں وہ انگریزی زبان سے کوسوں دور ہے۔ لہٰذا اس کے ذہن کو اُردو ہی کے ذریعے متاثر کیا جا سکتا ہے۔ اس کے علاوہ سجاد ظہیر گروپ میں جس سے وہ بہت متاثر تھیں اُردو کے شیدائی موجود تھے۔ نتیجتاً اُردو ہی رشید جہاں کے افسانوں کی زبان بن گئی۔

افسانہ "سلمیٰ" ایک کھاتے پیتے مسلم گھرانے کے پس منظر میں لکھا گیا تھا مگر اس پر انگریزی اندازِ بیان کی چھاپ نمایاں نظر آتی ہے۔ اس کے باوجود یہ افسانہ حقیقت

---

[1] محمود الظفر "انگارے" کی مدافعت میں (مضمون)۔

سے کافی قریب ہے اور اس میں دَبی دَبی یاس کی جھلک ذہن کو چھوتی ہوئی محسوس ہوتی ہے۔

رشید جہاں نے ایک ایسے آزاد ماحول میں آنکھ کھولی تھی جہاں جدید تعلیم کا دَور دَورہ تھا اور جہاں ساتھ ہی تعلیم نسواں کی اہمیت کو تسلیم کر لیا گیا تھا۔ دوسری طرف وہ پُرانی دِلّی کے علاقے فراش خانے میں واقع اپنی ننھیال میں جایا کرتی تھیں جس کا ماحول یکسر مختلف تھا۔ وہاں عورت کی حیثیت ایک قیدی کے مانند تھی۔ اس ماحول میں عورت کی نہ تو اپنی شخصیت تھی اور نہ ہی اس کی آزادی اور تعلیم کی اہمیت کو تسلیم کیا گیا تھا۔ اس کی ضرورت و اہمیت تو صرف شوہر کی موقع و بے موقع جنسی خواہشات پورا کرنے، بچے پیدا کرنے یا امورِ خانہ داری تک محدود تھی۔ مردوں کو نہ ان کی زبوں حالی سے مطلب تھا اور نہ ہی ان کے مسائل سُلجھانے کی فرصت۔ رشید جہاں کے حسّاس ذہن نے ان دو ماحول کا بغور مطالعہ کیا اور عورت کے اس استحصال کو اپنے افسانوں میں پیش کرنے کا فیصلہ کیا۔ بقول ڈاکٹر قمر رئیس:

> "رشید جہاں علی گڑھ کے جس خاندان سے تعلّق رکھتی تھیں وہ شمالی ہند کے مسلمانوں میں تعلیم و اصلاحِ نسواں کی تحریک جدید کا سب سے پہلا اور بڑا علمبردار رہا ہے۔ اس لیے فطری طور پر عورتوں کی تعلیم و ترقی اور اصلاح و فلاح کے خیالات سے رشید جہاں بچپن ہی سے مانوس ہو گئی تھیں یہی وجہ ہے کہ ان کی کہانیوں میں اس موضوع کے مختلف پہلوؤں اور ہندوستانی عورت کے انسانی حقوق کی بحالی کے تہہ دار مسائل بار بار آتے ہیں[1]۔"

ان کے افسانے "بے زبان" میں سماج کی فرسودہ روایات میں جکڑی عورت کا کردار صدیقہ بیگم بن کر اُبھرا ہے۔

---

[1] ڈاکٹر قمر رئیس (مقدمہ) وہ اور دوسرے افسانے، ڈرامے، ۱۹۷۷ء دہلی، صفحہ نمبر ۷۔

یہ افسانہ اس ماحول کی عکاسی کرتا ہے جہاں لڑکی کو خاندان کی انا پر تو قربان کیا جاسکتا ہے لیکن اس کے جذبات و احساسات اور اس کی تمناؤں اور ارمانوں کو کوئی وقعت نہیں دی جاتی ہے۔ صدیقہ بیگم کے ارد گرد نسل، ذات پات اور فرسودہ روایات کی دیواریں کھڑی ہیں۔ جن کے اندر اس کی آواز کی بازگشت صرف اسی کو سنائی دیتی ہے۔

رشید جہاں نے اپنے چابکدست قلم سے ایک ایسے روایتی خاندان کی منظرکشی کی ہے جو اپنی روایات سے ذرہ برابر بھی ہٹنے کو تیار نہیں ہے۔ صدیقہ بیگم کی والدہ شادی سے قبل لڑکی دکھانے کو نمائش سے تعبیر کرتی ہیں:

> "اے ہاں! میں سب کچھ جانتی ہوں۔ لڑکے ہی کی طرف دیکھ رہی ہوں، اکیلا لڑکا ہے۔ چار سو کا کرایہ اس کا ہے۔ ڈھائی سو کا نوکر، خاندانی ہے نیک۔ میں سب کچھ ماننے کو تیار ہوں۔ لیکن یہ شرط میں کیسے گوارہ کروں کہ وہ لڑکی کو دیکھ جائیں اور پھر پیغام دیں۔ جو وہ دیکھ کر گئیں اور کہہ دیا کہ ہمیں لڑکی پسند نہیں تو اُن کا تو لڑکا ہے۔ ان کا کیا بگڑے گا۔ میں تو کہیں مُنہ دکھلانے کے قابل نہ رہوں گی۔ مجھے عمر بھر کنوارہ رکھنا منظور لیکن یہ مول تول تو مجھ سے نہ ہوگا۔"

رشید جہاں نے اپنے افسانوں کے ذریعے ایک نئے جاگے ہوئے سماج کا خواب دیکھا تھا جہاں سماجی اور معاشی استحصال کا نام بھی نہ ہو اور اس طرح انھوں نے سماج میں پھیلے ہوئے عدم مساوات کے خلاف آواز اٹھائی۔ اس کے ساتھ ہی ان کے افسانوں میں متوسط اور ادنیٰ طبقوں کی زبوں حالی کا درد گیر احساس بھی کام کر رہا ہے اور یہی وہ احساس ہے جو ان کے تمام افسانوں میں احتجاج بن کر اُبھرا ہے خاص طور پر وہ افسانے جن میں انھوں نے عورت کی جہالت، پس ماندگی اور اس کے لیے مرد کے سخت گیر رویّے کو موضوع بنایا ہے اور مرد کے حاکمانہ تسلط اور وحشیانہ ہوس پرستی کے خلاف ڈٹ کر آواز اٹھائی ہے۔ ان کا افسانہ "سودا" مرد کے ہاتھوں عورت کے استحصال کی ایک

گھناؤنی تصویر سامنے لاتا ہے۔ دوسری طرف غریبوں کا استحصال ہے جہاں "غریبوں کا بھگوان" کی درگا دن رات کی سخت دوڑ دھوپ کے باوجود اپنے بیمار بچے کو کتوں کے منھ میں جانے سے روک نہیں پاتی۔ وجہ ہے اس کی معاشی بدحالی نہ تو اس کے پاس اپنے بیمار بیٹے کے علاج کے لیے رقم ہے اور نہ مندر کے برہمن کو دان میں دینے کے لیے روپیہ۔

اپنے افسانوں کے ذریعے رشید جہاں اس ہندوستانی عورت کے اندر، جو بیسویں صدی کے سائنسی دور میں بھی جہل و اوہام میں گرفتار ہے، ایک ایسا ذہنی انقلاب لانا چاہتی تھیں جس کے زیرِ اثر وہ پوری طرح اپنے حقوق سے باخبر ہو جائے۔ وہ اچھی طرح جانتی تھیں کہ حقوقِ نسواں کی بحالی اور تعلیمِ نسواں کی ضرورت عام انسانی زندگی سے جڑی ہوئی ہے اور ایک باخبر اور تعلیم یافتہ ماں ہی ایک صحت مند معاشرے کی تشکیل کر سکتی ہے۔ اس کے ساتھ ہی وہ اس پورے غیر منصفانہ طبقاتی نظام کو بدلنے کی ضرورت پر بھی زور دیتی تھیں۔ انھوں نے یہی تاثر افسانے "افطاری" میں بہت ہی حسن و خوبی سے ابھارا ہے۔ وہ کہانی کی ہیروئن نسیمہ کی زبانی اس طبقاتی نظام کی پیداوار معاشی زبوں حالی کو جہنم سے تعبیر کرتی ہیں۔ نسیمہ کے خیال میں دنیا صرف ان چند لوگوں کے لیے ہی جنت ہے جن کے پاس دولت ہے۔ یہ فرق ننھے اسلم کی سمجھ سے باہر ہے۔ وہ پوچھتا ہے:

"تو اماں سب لوگ جنت میں کیوں نہیں رہتے؟"

"اس لیے میری جان کہ جو لوگ جنت میں رہتے ہیں وہ ان لوگوں کو گھسنے نہیں دیتے۔ اپنا کام تو کروا لیتے ہیں اور ان کو پھر دوزخ میں دھکا دے دیتے ہیں۔"

اس افسانے میں رشید جہاں اس طبقاتی نظام کو ختم کرنے کا عزم لے کر اٹھی تھیں۔ وہ یہ بھی دکھا دینا چاہتی تھیں کہ عورت شوہر کی پابندیوں کے باوجود وہ سماجی انقلاب کے لیے اپنی اولاد کو تیار کر سکتی ہے۔

"نسیمہ نے جھک کر اس کو گود میں اٹھا لیا اور اس کی آنکھوں میں

آنکھیں ملا کر جوشش سے کہا۔ "میری جان! جب تم بڑے ہو گے تو اس دوزخ کا مٹانا تمھارا ہی کام ہوگا۔"

"اور ماں تم؟"

"میں بیٹا اس قید سے کہاں جا سکتی ہوں۔"

متوسط اور نچلے طبقے کے مسلمانوں کی گھریلو زندگی بھی رشید جہاں کے افسانوں کا ایک خاص موضوع رہا ہے۔ وہ بچپن ہی سے اس طبقے کے ہر پہلو اور زاویے سے واقف تھیں۔ انھوں نے اس طبقے کے ماحول، رسم و رواج، اس کی نفسیات اور جزئیات کو ہر رُخ سے دیکھا تھا۔ یہی وجہ ہے کہ انھوں نے اپنے افسانوں میں بڑی چابک دستی سے اس طبقے کی عکاسی کی ہے۔ مثال کے طور پر ان کا افسانہ "ساس بہو" اس میں انھوں نے نئی اور پُرانی نسل کے بیچ حائل کھائی کو اُجاگر کرنے کی کوشش کی ہے۔ جب پُرانی نسل کی ساس نئی نسل کی بہو سے سمجھوتہ کرنے کو تیار نہ ہو تو تصادم لازمی ہے۔ ساس یہ بھول جاتی ہے کہ اس زمانے کی پابندیوں میں وہ کس طرح پھڑ پھڑاتی تھی۔ جب وہ بھی ایک بہو تھی۔ اسی حقیقت پسندی سے فرار کو رشید جہاں نے بڑی خوبصورتی سے نمایاں کیا ہے۔ یہ خوبصورتی اور بھی بڑھ جاتی اگر یہ افسانہ یک طرفہ نہ ہو کر دو طرفہ ہوتا یعنی اس میں ساس کی سوچ کو بھی شامل کر دیا جاتا۔ "آصف جہاں کی بہو" مسلم گھرانوں کے رسم و رواج کی ایک عمدہ تصویر پیش کرتا نظر آتا ہے۔ اس کے علاوہ "بے زبان"، "اندھے کی لاٹھی" وغیرہ ایسے افسانے ہیں جو اس طبقے کی محصور گھٹی گھٹی زندگی کے مشغلوں، محرومیوں، خوشیوں اور تقریبات کی سچی تصویر ہمارے سامنے پیش کرتے ہیں۔ یہاں تک کہ ان کے قلم نے اس زندگی کا کوئی بھی گوشہ خالی نہیں چھوڑا ہے۔

"بیسوا" کی زندگی کے موضوع پر بہت سے افسانہ نگاروں نے قلم اٹھایا ہے۔ اُردو ادب میں مرزا رسوا کی "امراؤ جان ادا" سے لے کر قاضی عبدالغفار کی "لیلیٰ کے خطوط" تک طوائف کے موضوع پر ہمیں بہت کچھ پڑھنے کو ملتا ہے۔ جس میں صرف طوائف کے عہدِ شباب اور نشاط کو ہی بڑی تفصیل سے دکھایا گیا ہے۔ لیکن رشید جہاں کے قلم نے

اس سے بھی آگے بڑھ کر بیسوا کی زندگی کے اس المیے کو دیکھا ہے جب وہ حسن و شباب کی دولت سے محروم ہو کر دربدر ٹھوکریں کھاتی پھرتی ہے اور موذی جان لیوا امراض کی شکار ہو کر ایڑیاں رگڑنے کے لیے اس سماج میں تنہا چھوڑ دی جاتی ہے۔ یہاں تک کہ وہی لوگ جو اس کی ایک ایک ادا پر اپنی ساری دولت لٹانے کو تیار رہتے تھے اب اس کی طرف دیکھنا بھی گوارا نہیں کرتے۔ افسانے 'وہ' میں عورت کی زندگی کا یہی المیہ پیش کیا گیا ہے۔ ایسے دور میں جب اس کے جسم کے اعضا امراضِ خبیثہ کے اثر سے گل گل کر گرنے لگتے ہیں فاحشہ عورت کی روح جس اذیت اور کرب سے گزرتی ہے رشید جہاں نے اس کو اس افسانے میں بڑی ہی خوبصورتی سے سمویا ہے۔ ان کے قلم کا کمال یہ ہے کہ یہ افسانہ ہر قسم کی رنگینی اور خیال پرستی سے پاک ہے۔ بیسوا کی زندگی کا یہ رخ دیکھ کر قاری کو اس سے نفرت پیدا ہونے کے بجائے ہمدردی پیدا ہو جاتی ہے اور یہی اس افسانے کا سب سے روشن پہلو ہے۔ رشید جہاں دراصل اس حقیقت کو اجاگر کرنا چاہتی ہیں کہ ایک عورت اپنی مرضی سے بیسوا کا پیشہ اختیار نہیں کرتی بلکہ یہ سماج اس کو اس کے لیے مجبور کرتا ہے اس لیے نفرت کے بجائے وہ ہماری ہمدردی کی مستحق ہے۔

انھوں نے اپنے افسانوں میں جو حقیقت پسندانہ اور مصلحت شکن رویہ اپنایا وہ اس دور کے معدودے چند افسانہ نگاروں کے یہاں ہی پایا جاتا ہے۔ زندگی کے عمیق مطالعے اور سائنسی بصیرت کی وجہ سے ان کے افسانوں میں نوجوانانہ سرگرمی، جذباتی تندی اور فوری ردِ عمل کی مثالیں جا بجا ملتی ہیں۔ "صفر" میں نئی نسل کا نوجوان ہے جو سماج میں پھیلی ہوئی معاشی بدحالی کی گھٹن سے بیزار ہے اور اس سے کسی بھی طور سمجھوتہ کرنے کو تیار نہیں۔ سعید کو آزادی انصاف اور انسانیت کا ایک نیا تصور اس فرسودہ نظام کے خلاف بغاوت پر اکساتا ہے۔ وہ دولت کو محض چند ہاتھوں میں اکٹھا دیکھنے کے خلاف ہے جب کہ والد دولت کی مساوی تقسیم کے خلاف ہیں:

"پارٹی کیا بلا ہے؟ قید یافتہ بدمعاشوں کی ایک جماعت جو کسی کو بڑھتے پنپتے نہیں دیکھ سکتے! دوسروں کی دولت چھین کر بانٹیں گے۔ کبھی دولت جمع کی ہو تو جانیں کہ دولت کن مصیبتوں سے جمع کی جاتی ہے۔"

رشید جہاں ''اس کھیت کے ہر خوشۂ گندم کو جلادینے'' کا عزم لے کر اٹھی تھیں جب دن رات اپنا خون پسینہ بہانے کے باوجود'' دہقان کو روزی میسّر'' نہیں ہوتی۔ ''صفرا'' ہمیں بھی تاثر دیتا ہے۔ سعید کی زبانی:

> ''آپ کو ان غریبوں سے کیا ہمدردی ہے جو آج تک اسی حالت میں پڑے ہیں۔ آپ ہر اس قانون کی حفاظت کرتے ہیں جس سے آپ کے پُرانے طبقے کی حالت بدلنے نہ پائے۔''

''افطاری'' اور'' ساس بہو'' بھی پُرانی اور نئی نسل کے اس ٹکراؤ کی نمایاں مثالیں ہیں جب کہ'' میرا ایک سفر'' کے پسِ پُشت فرقہ وارانہ ہم آہنگی کا جذبہ کارفرما ہے۔ دوسری طرف اعلیٰ طبقے کی عیاشیاں ہوں یا متوسط اور اعلیٰ طبقوں کے درمیان توازن برقرار رکھنے کی کوشش میں جاری کشمکش یا گونڈ بھیل قبائل کی سادہ فطری زندگی انھوں نے ان سب کو بڑی باریک بینی سے دیکھا ہے اور الفاظ کے سانچے میں ڈھالا ہے۔ اعلیٰ طبقے کی عیاشیوں پر انھوں نے اپنے افسانے'' مجرم کون'' میں ایک واضح سوالیہ نشان لگایا ہے جس میں جج رابنسن کے نزدیک دوسرے کی بیوی کو اپنے تصرّف میں لانا تو جائز ہے لیکن بھولا کو اسی جرم کی پاداش میں تین سال قید کی سزا سناتا ہے۔ جج رابنسن کرنل بلیک کی بیوی کو بھگا کر لے جاتا ہے۔ کرنل صاحب مقدمے کی تیاری شروع کر دیتے ہیں۔ یہ مقدمہ چوں کہ جگ ہنسائی کا باعث بن سکتا تھا۔ لہٰذا گورنر اور کمانڈر ان چیف کے زبردست دباؤ کے تحت کرنل صاحب اپنی بیوی کو طلاق دینے پر تیار ہو جاتے ہیں تاکہ مسز بلیک کی شادی رابنسن سے ہو سکے۔ رشید جہاں نے اسی کہانی کے متوازی بھولا نامی گڈریے کی ایک کہانی بھی بیان کی ہے جو مٹرو کی بیوی کو بھگا کر لے جاتا ہے۔ مقدمہ جب رابنسن کے سامنے لایا جاتا ہے تو وہ بھولا کو تین سال قیدِ بامشقت کی سزا سُناتا ہے۔ اس افسانے کے ذریعے رشید جہاں انگریز طبقے کے قول و فعل کے تضاد کو بھی واضح کرنا چاہتی ہیں۔

رشید جہاں نے اپنے بعض افسانوں میں مقصد اور رویّے کو اس قدر اہمیت دی

ہے کہ وہ اپنے افسانوی مزاج سے ہٹ گئے ہیں۔ اس کی ایک مثال "دلّی کی سیر ہے" جو افسانے کے مقابلے میں مزاجاً مضمون کے زیادہ نزدیک نظر آتا ہے۔ اور حقیقتاً اگر اس افسانے کا نام آزادیِ نسواں یا اس سے ملتا جلتا کوئی دوسرا نام رکھ دیا جاتا تو اس کو مضمون کہنا ہی زیادہ مناسب ہوتا۔ البتہ "آصف جہاں کی بہو"، "افطاری"، "چھدّا کی ماں"، "وہ" اور "مجرم کون۔؟" فنّی لحاظ سے مکمل افسانے کہے جا سکتے ہیں۔

"نئی مصیبتیں" ایک عام سا افسانہ ہے۔ یوں تو یہ افسانہ ایک کھاتے پیتے گھرانے کے گرد گھومتا ہے مگر ایک خوش حال طبقے کی مکمل نمائندگی کرتا ہے جس کے لیے دوسری جنگِ عظیم نے بعض مسائل کھڑے کر دیے ہیں مثلاً اون مہنگی ہو گئی ہے اور سال میں جو تین چار جمپر یا پل اوور بُنے جاتے تھے اب شاید ان میں تخفیف ہو جائے۔ جارجٹ کے دام بڑھ جانے سے ایک ہی ماہ میں جو آٹھ دس ساڑھیاں لائی گئی ہیں اس سے گھر کے اخراجات بڑھ گئے۔ پیٹرول مہنگا ہو گیا ہے لہٰذا کار چلانے میں کفایت برتی جا رہی ہے وغیرہ وغیرہ۔ مگر اس دنیا کے علاوہ ایک اور دنیا اس گھرانے میں نوکروں کی بھی ہے جہاں جنگ نے اشیائے ضروریہ کو کمیاب اور گراں تر کر دیا ہے۔

رشید جہاں کے افسانوں کے پلاٹ و موضوعات اچھوتے ضرور ہیں مگر ان کو چُست پلاٹ کا نام نہیں دیا جا سکتا۔ انھوں نے کم و بیش بیس[2] افسانے لکھے ہیں۔ ان میں بعض ایسے کمزور افسانے بھی ہیں جو افسانے کے فن کے تقاضوں کو پورا کرتے نظر نہیں آتے۔

کردار نگاری:

جہاں تک کردار نگاری کا تعلق ہے رشید جہاں نے اس کو مقصد نہیں بنایا ہے۔ بالفاظِ دیگر یہ کہا جا سکتا ہے کہ وہ کردار نگاری کے معاملے میں کسی خاص اصول پر کاربند نظر نہیں آتیں۔ غالباً اس کی وجہ یہی ہے کہ ان کے کردار روزمرّہ کی زندگی سے مستعار ہیں۔ ظاہر ہے کہ اگر وہ جامد کردار نگاری کو اپناتیں تو ان کے افسانے حقیقت سے کوسوں دور ہو جاتے جب کہ ان کی تحریروں کا مقصد ہی عوام کو سماج میں پھیلی ہوئی

بدعنوانیوں اور برائیوں سے آشنا کرانا تھا۔ ان کی تحریروں میں ہر طبقہ، ہر مذہب اور ہر نسل کے کردار اپنے مسائل کا بوجھ کاندھوں پہ اٹھائے حرکت کرتے نظر آتے ہیں اور ان میں اکثریت نسوانی کرداروں کی ہے۔ وہ کرداروں کی نفسیات اور ذہنی حالت سے بخوبی واقف نظر آتی ہیں۔ رشید جہاں کے کردار اپنے روایتی اور فرسودہ ماحول کے خول میں بند ہیں انھوں نے اس روایتی ماحول سے نئی نسل کے کچھ متحرک کردار بھی تراشے ہیں مثلاً "افطاری" کی نسیمہ۔ "میرا ایک سفر" کی زبیدہ اور "صفر" کا سعید وغیرہ وغیرہ لیکن بعض افسانوں میں کرداروں کے ذریعے حقیقت نگاری کرتے وقت وہ اس حد تک چلی گئی ہیں کہ اس میں مصنوعی پن جھلکنے لگتا ہے۔ مثال کے طور پر ان کے افسانے "چور" کا کردار کمن۔ یہاں رشید جہاں ایک مثالی چور کے کردار کو پیش کرنے میں گو پوری طرح کامیاب نظر آتی ہیں یہ کردار گوناگوں خوبیوں کا مالک ہے۔ ایک طرف تو وہ دوسروں کی کمائی ہوئی دولت میں سے اپنا حصہ حاصل کرنا جائز سمجھتا ہے دوسری طرف وہ ڈاکٹر سے مفت صلاح مشورہ اور دوا لینا جائز خیال کرتا ہے اور اپنی ناجائز کمائی سے (جس کو وہ خود جائز سمجھتا ہے) ڈاکٹر کو فیس ادا کرنا اپنا فرض بھی مانتا ہے۔ لیکن اس کے ساتھ ہی کہانی کے دوسرے کردار پر جو واحد متکلم ہے ایک ملمع چڑھا ہوا نظر آتا ہے۔ حقیقی دنیا میں یہ بات دیکھنے کو نہیں ملتی کہ چور سے ملاقات ہو اور کوئی بھی فردِ واحد اس کو قانون کی گرفت میں دینے سے ذرا بھی نہ ہچکچائے اور چور بھی کیسا جس نے اسی فردِ واحد کے گھر میں چوری کی ہو۔ اس کے برخلاف ایک تیسرا کردار جو افسانے کے اختتام پر ظاہر ہوتا ہے حقیقی معلوم ہوتا ہے۔ یہ کردار واحد متکلم کا چھوٹا بھائی ہے۔ یہ معلوم ہونے کے بعد کہ اس کی ہمشیرہ نے چور کو نکل جانے دیا اس پر جو ردِ عمل ہوا وہ قطعاً حقیقی لگتا ہے۔

اس افسانے میں رشید جہاں نے ان سفید پوش چوروں کو بھی بے نقاب کیا ہے جو قانون کے محافظ ہوتے ہوئے بھی قانون شکنی کے مرتکب ہوتے ہیں:

> "پھر میری نظر چاروں طرف دوڑنے لگی، میں نے دیکھا کہ بڑے بڑے چور بگلا بھگت بنے گھومتے ہیں۔ بڑے بڑے محلوں میں رہتے ہیں

ہوائی جہاز اڑاسکتے ہیں اور بڑے بڑے براعظم کھائے بیٹھے ہیں یا کھانے کی تیاری کر رہے ہیں اور اپنی حفاظت کے لیے جیسے کہ پولیس کو تو صرف رشوت ہی دیتا تھا یہ اس سے بھی آگے بڑھے ہوئے ہیں۔"

چور کو سیاسی معنویت کے لحاظ سے تو بھرپور افسانہ کہا جاسکتا ہے ورنہ فنی لحاظ سے یہ افسانہ بیحد کمزور ہے۔

رشید جہاں نے بطور ایک ڈاکٹر اور حساس ادیبہ عورتوں کی زندگی کا بہت عمیق مطالعہ کیا تھا۔ اسی وجہ سے وہ ان کے مسائل کو بخوبی سمجھنے میں کامیاب بھی ہوسکی ہیں جس کے بعد ہی ان کو سماجی، معاشی اور مذہبی پس منظر میں بڑی چابک دستی سے پیش کیا ہے۔ ان کی نظر ان کے دکھ درد، بے بسی، مظلومیت، محرومی اور دوسرے مسائل پر بھی ہے۔ ان کے کرداروں کی اکثریت متوسط طبقے کے مسلم گھرانوں سے تعلق رکھتی ہے۔ کردار نگاری میں انھوں نے کہیں بھی خطابت سے کام نہیں لیا ہے۔ ان کے کردار بہت ہی جاندار، باعمل اور جدوجہد سے بھرپور نظر آتے ہیں۔ وہ زندگی میں پیش آنے والی مشکلات کو ہنسی خوشی برداشت کرتے ہیں۔ کسی بھی مقام پر دل برداشتہ نہیں ہوتے اور ایک آزادانہ زندگی کے متلاشی ہیں۔ انھوں نے عورت کو ایک کمزور کردار بناکر پیش نہیں کیا بلکہ وہ قوی تر ہے اور کسی بھی مقام پر مرد کی محتاجی یا محکومی قبول کرنے پر آمادہ نہیں ہے۔ رشید جہاں کے افسانوں کی ہیروئن ایک بھولی بھالی اور بے بس عورت نہیں ہے جو مرد کی چال بازیوں اور مکرو فریب کا شکار ہوجاتی ہے بلکہ وہ ایک بے حد سمجھدار، پُراعتماد اور باعمل کردار ہے۔ ایک ایسی عورت جو خود آگاہ بھی ہے اور مردوں کی استحصال پسندی سے بخوبی واقف بھی۔ اسی عورت کے بارے میں ڈاکٹر قمر رئیس رقمطراز ہیں کہ رشید جہاں کے افسانوں کی عورت:

"پچھلے دور کی ہیروئن کی طرح صرف اخلاق و تہذیب یا صبر و قناعت اور ایثار کی مورتی نہیں ہے ـــ نہ ہی وہ مظلومی کا رحم طلب مجسمہ ہے۔ اس کے برعکس وہ بڑی خود آگاہ، خود دار اور ذہنی طور پر بیدار ہے وہ

اپنے انسانی حقوق سے باخبر اور عملی زندگی میں ان سے اپنی محرومی پر برہم ہے۔ وہ چلن اور روایت کو آنکھیں بند کر کے تسلیم نہیں کرتی۔ انھیں عقلیت اور انسانیت کی ایک نئی میزان پر تولتی ہے وہ ظلم اور جبر کے آگے جھکتی نہیں، سپر نہیں ڈالتی"۔[1]

ان کے افسانوں میں بعض جگہ اس عورت کا کردار بھی پیش کیا گیا ہے جو اپنے حقوق کی بحالی کے لیے اپنی ہی صنف سے متصادم نظر آتی ہے۔ "چھدا کی ماں" میں رشید جہاں نے اسی کردار کو بہت ہی ماہرانہ انداز میں پیش کیا ہے۔ یہ کردار ہے چھدا کی بیوی کا جو اپنی ساس کے جبر و ستم کے آگے سپر نہیں ڈالتی۔ وہ اپنے شوہر پر اتنا ہی حق سمجھتی ہے جتنا چھدا کی ماں اپنے بیٹے پر جتاتی ہے اور جب چھدا کی ماں نے اپنی نئی بہو کو ستانا شروع کیا تو اس نے بھی اینٹ کا جواب پتھر سے دیا۔

" بڑھیا نے اپنی وہی حرکتیں شروع کی تھیں لیکن یہ لڑکی بڑھیا کے جوڑ کی ہے۔ ایک دن بگڑ کر ساس کی وہ مرمت کی کہ سب بہوؤں کا بدلہ نکال لیا اور کہنے لگی ـــ میں یہ دیلی چھوڑ کر نانے جاؤں گی وہ اور ہی رہی ہوں گی جو نا جانے کس کی دھی بیٹیاں تھیں جو چلی گئیں۔ جو تجھے اس گھر میں رہنا ہے تو ٹھیک سے رہ ورنہ جا اپنا راستہ پکڑ۔۔۔"

رشید جہاں نے اپنے زمانے کی مروجہ روش سے ہٹ کر اپنے کرداروں کو جینے کا نیا انداز سکھایا اور انھیں ان کے اصلی خدو خال کے ساتھ پیش کرنے کی کوشش کی اور اپنی اس کوشش میں وہ کافی حد تک کامیاب بھی ہوئی ہیں۔ یہی وجہ تھی کہ مذہب کے ٹھیکیداروں اور سماج کے معلم اخلاق لوگوں نے جب ان افسانوں کے آئینے میں اپنی اصلی شکل دیکھی تو بہت برہم ہوئے اور ان پر مخرب اخلاق اور عریانیت کا لیبل چسپاں کر کے رشید جہاں کے خلاف فتوے صادر کرنا شروع کر دیے۔

---

[1] ڈاکٹر قمر رئیس (مقدمہ) وہ اور دیگر افسانے، ڈرامے۔ دہلی ۱۹۷۷ء صفحہ نمبر ۲۴۔

رشید جہاں کے فن کا ایک اہم اور نازک پہلو کردار نگاری کے معاملے میں انفرادیت ہے۔ جس کی وجہ سے ان کے کردار پرانی روش سے ہٹ کر اپنی پہچان الگ قائم کرتے نظر آتے ہیں۔ ان کے کرداروں کو ہم ادھورے اور ناتراشیدہ تو ضرور کہہ سکتے ہیں لیکن مردہ اور غیر متحرک نہیں۔

۱۹۳۶ء کے بعد رشید جہاں عملی طور پر عوامی زندگی کے کافی قریب آ گئیں اور ان کے دکھ درد کو سمجھتی گئیں۔ یہی وجہ ہے کہ ۱۹۳۶ء کے بعد کے افسانوں کے کردار پچھلے افسانوں کے مقابلے میں زیادہ جاندار اور جدوجہد سے بھرپور نظر آتے ہیں۔ اس طرح ۱۹۳۶ء کے بعد ہی ان کے فن میں گہرائی اور پختگی نظر آتی ہے۔

رشید جہاں کے کرداروں میں دونوں ہی طرح کے کردار پائے جاتے ہیں — جامد بھی اور متحرک بھی۔ لیکن اکثریت متحرک کرداروں کی ہے۔ جامد کرداروں کو ان کی ضرورت کے مطابق استعمال کیا گیا ہے۔

"افطاری" کی ڈپٹی صاحب کی بیگم میں ٹائپ کردار کی جھلکیاں ملتی ہیں۔ وہی رعونت اور حکومت کرنے کا انداز جو ایک ڈپٹی کی بیوی کا خاصہ ہونا چاہیے۔ لہٰذا یہ کردار ہمیں چونکاتا نہیں۔ افسانے کی ابتدا میں ایسا لگتا ہے جیسے کہ اس کے کرداروں کا آپس میں کوئی تعلق نہیں ہے۔ سارے ہی کردار بکھرے بکھرے نظر آتے ہیں لیکن اختتام تک پہنچتے پہنچتے رشید جہاں نے بڑی ہی خوبصورتی کے ساتھ ان کو ایک لڑی میں پرو دیا ہے۔

نقطۂ نظر:

افسانے یا ناول میں نقطۂ نظر کی اہمیت اپنی جگہ مسلّم ہے۔ یہی نئے فن کار کے اندر کچھ لکھنے کی تحریک پیدا کرتی ہے۔ ایک فن کار اپنے ارد گرد کے حالات و واقعات سے اپنے افسانوں کے لیے مواد اخذ کرتا ہے۔ لیکن اس کا اپنا ایک نقطۂ نظر بھی ہوتا ہے جس کے مطابق وہ پلاٹ، موضوع اور کرداروں کے ذریعے اپنے افسانوں کا تانا بانا بنتا ہے۔ کیوں کہ نقطۂ نظر کا تعلق افسانے کے مرکزی خیال سے ہوتا ہے۔ نقطۂ نظر کا افسانے

سے پوری طرح ہم آہنگ ہونا ضروری ہے ورنہ موضوع اس سے تاثر قبول کرلیتا ہے اور اس طرح افسانے کا ارتقا رک جاتا ہے۔ یہی وجہ ہے کہ ایسے افسانے جن میں نقطۂ نظر کا فقدان ہو فنّی لحاظ سے ناقص اور معمولی افسانے کہلاتے ہیں اور ان کی حیثیت محض تفریحی ہو کر رہ جاتی ہے۔

رشید جہاں کے افسانوں کے پس منظر میں سماجی حقیقت نگاری کے ساتھ ساتھ نفسیاتی اور جنسی حقیقت نگاری کا رُجحان بھی نمایاں نظر آتا ہے۔ کوئی بھی افسانہ نگار جو حقیقت پسندی کا دعویٰ کرتا ہے ان رجحانات سے چشم پوشی نہیں کرسکتا۔ رشید جہاں سے بیشتر (پریم چند سے استثنا کے ساتھ) نیاز فتح پوری، سجاد حیدر یلدرم، سلطان حیدر جوشؔ کے یہاں بھی یہ رُجحانات پائے جاتے ہیں مگر ان کی شکلیں ابتدائی اور خام ہیں جن کی وجہ سے ان کے افسانے حقیقت پسندی کے معیار پر پورے نہیں اُترتے۔ دوسری طرف رشید جہاں کی تحریریں گو فن اور تکنیک کی کسوٹی پر کھری نہ اترتی ہوں مگر ان کے افسانوں نے قدیم روایت کو کچل کر ایک نئی روایت کی بُنیاد ضرور ڈالی۔ جس کے بعد آنے والی نسلوں نے حقیقت پسندی کے ساتھ زمانے کے بدلتے ہوئے مزاج کی اہمیت اور ضرورت کو محسوس کیا۔ ان کے افسانوں میں فنّی خامیاں اور سنجیدہ تصورات کے عملی نمونوں کی کمی ضرور کھٹکتی ہے مگر حقیقت سے فرار نہیں ملتا۔ مثال کے طور پر ان کا افسانہ "دلّی کی سیر" فنّی لحاظ سے اعلیٰ درجہ کا تو قرار نہیں دیا جاسکتا لیکن اگر افسانے میں رویّے کی اہمیت کو بھی مقام دیا جائے تو یہ تسلیم کرنا پڑے گا کہ اس میں سماجی اور معاشی انداز کا نیا شعور اپنی بھرپور توانائی کے ساتھ اُبھرا ہے۔

دوسری طرف "سلمیٰ" کا وہ ماحول ہے جہاں رشید جہاں مشرقی و مغربی تہذیب کا موازنہ کرتی نظر آتی ہیں۔ اس افسانے کے ذریعے رشید جہاں شادی سے متعلق عورتوں کی جہالت، روایت پرستی پر وار کرتی نظر آتی ہیں لیکن اپنے نقطۂ نظر کو واضح کرنے میں وہ تھوڑی سی بھٹک گئی ہیں کیوں کہ کہانی کے آخر میں قاری کی ساری ہمدردیاں

سلمیٰ کے ساتھ ہو جاتی ہیں اور قاری کے ذہن سے فرسودہ روایات اور جہالت سے نفرت معدوم ہو جاتی ہے۔

"سڑک" کا مرکزی خیال رشید جہاں کی ترقی پسندی کی سچی عکاسی کرتا ہے۔ انھوں نے سڑک پر چلنے والے کرداروں اور واقعات کے ذریعے اپنے خیالات کو بڑی حد تک ہم آہنگ کیا ہے۔

رشید جہاں نے رومانیت سے دامن بچا کر نئی راہوں پر چلنے کی کوشش کی ہے اور ایک حد تک وہ اس میں کامیاب بھی ہوئی ہیں۔ انھوں نے افسانے کو وہ روایتی افسانہ بنا کر پیش نہیں کیا جو زندگی کو صرف اور صرف ایک مخصوص زاویے اور فاصلے سے دیکھ کر دل کی تسکین کا سامان مہیا کرتا ہے۔ اس کے برخلاف انھوں نے اپنے پیش رو ادیبوں اور افسانہ نگاروں کے نقشِ قدم پر نہ چل کر زندگی کو کافی قریب اور ایک وسیع نقطۂ نظر سے دیکھنے کی کوشش کی ہے۔

رشید جہاں نے جدید مغربی تعلیم سے پوری طرح استفادہ کیا تھا۔ یہی وجہ ہے کہ ان کو حقیقت کا مکمل ادراک تھا۔ اور اس کے ساتھ ہی وہ اپنے عہد کے موجودہ تقاضوں اور سیاسی اور سماجی صورتِ حال سے پوری طرح آگاہ تھیں۔ وہ بخوبی جانتی تھیں کہ مولویانہ سخت گیری اور مروجہ پست اخلاقی نظام کی بنیادیں کھوکھلی پڑ چکی ہیں۔ للہٰذا کیوں نہ ایک ایسی عمارت کی تعمیر کی جائے جس کی بنیاد آزادی پر رکھی گئی ہو۔ ان کو غلامانہ ذہنیت سے سخت نفرت تھی اور وہ ہندوستانی عصری سماج کی جنسی گھٹن، اقتصادی زبوں حالی اور عدم مساوات کو لعنت کا ایک طوق سمجھتی تھیں۔ حالاں کہ ان کے افسانے ان مسائل کا کوئی حل پیش کرتے نظر نہیں آتے لیکن ایسے دور میں جب سماج میں مرد کا غلبہ طاری تھا انھوں نے جس بے باکانہ اور حقارت آمیز انداز سے ان رستے ہوئے ناسوروں کا احساس دلایا وہ بھی کچھ کم جرأت آزما قدم نہ تھا۔ بقول ڈاکٹر قمر رئیس:

> "انگارے کے افسانہ نگاروں میں صرف رشید جہاں اور احمد علی ہی تھے، جو بعد میں بھی کہانیاں لکھتے رہے۔ احمد علی تو مدت تک ترقی پسند

> تحریک سے وابستگی کے باوجود مغربی افسانوی ادب کی بعض تحریکوں بالخصوص سرریلزم سے متاثر رہے۔ اسی اثر پذیری کے تحت انھوں نے اپنی کہانیوں میں تکنیک اور تخلیقی اظہار کے نت نئے تجربے کیے۔ بعد میں جب حسن عسکری، منٹو اور ممتاز مفتی اسی صف میں آئے تو مغربی طرز کی حقیقت نگاری نے، جس میں جنسی مسائل اور انسان کے تحت الشعور کی الجھنوں کے تجزیے کو نمایاں اہمیت حاصل تھی، ایک رجحان کی صورت اختیار کرلی۔ اس لحاظ سے ترقی پسند ادیبوں میں پریم چند کے بعد رشید جہاں تنہا تھیں جنھوں نے اردو میں سماجی اور انقلابی حقیقت نگاری کی روایت کو مستحکم بنانے کی سعی کی[1]"

اس دور میں جب فرسودہ روایات، مذہبی سخت گیری اور عورت کے ساتھ عدم مساوات اپنے عروج پر تھی، رشید جہاں کی اپنی سوچ اور اپنا نقطۂ نظر تھا جس کے تحت انھوں نے اپنی آواز بلند کی۔ "میرا ایک سفر" میں انھوں نے مذہبی فرقہ واریت اور تعلیم نسواں کی کمی کی وجہ سے عورتوں میں پھیلی ہوئی جاہلیت کے خلاف آواز اٹھائی ہے اور اس میں وہ پوری کامیاب بھی رہی ہیں۔ دوسری طرف "مجرم کون" کا جج رابنسن ہے جو ایک گڈریے کو ایک بڑھئی کی بیوی بھگانے کے جرم میں جیل بھیج دیتا ہے اور خود اس بات پر نازاں ہے کہ اس نے ایک کرنل سے اس کی بیوی کو طلاق دلانے پر مجبور کردیا ہے اور اب نہایت فخر کے ساتھ اس مطلقہ عورت سے شادی کرنے "ہوم" جارہا ہے۔ رشید جہاں نے اس گورے اور کالے کی تخصیص کے خلاف اپنی آواز بلند کرنے کی کوشش ہے۔ "مجرم کون" کے علاوہ اس کی ایک مثال "فیصلہ" بھی ہے جس میں سارے ہی انگریز "نیٹو" کو بدنام تصور کرتے ہیں۔ رشید جہاں نے کبھی بھی اس بات کی پروا نہیں کی کہ ان کی تحریروں کا مرد کی غالب اکثریت پر کیا ردِ عمل ہوگا۔ یہی وہ جذبہ تھا جس نے ان کو منفرد افسانہ نگاروں کی

---

[1] ڈاکٹر قمر رئیس (مقدمہ) وہ اور دوسرے افسانے، ڈرامے دہلی ۱۹۷۷ء صفحہ ۲۳۔

صف میں لاکھڑا کیا۔

"افطاری" میں انھوں نے غلامانہ ذہنیت اور معاشی زبوں حالی کے خلاف تلوار اٹھائی ہے۔ اس افسانے میں اصغر ہے جس کی روشن خیالی کی قلعی شادی کے فوراً ہی بعد کھل جاتی ہے۔ شادی سے پہلے اس کی بیوی نسیمہ اس بات پر فخر کیا کرتی تھی کہ اس کا ہونے والا شوہر ایک دیش بھگت اور آزادی کا سچا سپاہی ہے لیکن شادی کے بعد اصغر اپنی اس کوتاہی کا الزام بیوی کے سر ڈال کر الگ ہو جاتا ہے۔ اس مختصر سے افسانے میں رشید جہاں نے مختلف سوچ رکھنے والے کردار اکٹھا کیے ہیں مگر اختتام تک پہنچتے پہنچتے نقطۂ نظر کی روشنی میں ان کرداروں کا تعلق واضح ہو جاتا ہے۔

نقطۂ نظر کے لحاظ سے ان کے دیگر افسانے "صفر"، "ساس بہو"، "چور" اور "بے زبان" کامیاب افسانوں کی صف میں رکھے جاسکتے ہیں کیوں کہ ان افسانوں میں رشید جہاں نے نقطۂ نظر اور مرکزی کرداروں کا تال میل بہت خوبی سے بٹھایا ہے۔ 'سودا' اور 'عورت' ان کرداروں کو پیش کرتے ہیں جو مکاری اور خود غرضی کے پتلے ہیں اور عورت کا استحصال کرنے سے قطعاً نہیں چوکتے۔

ان کے افسانوں کے مطالعے سے کہیں بھی ایسا محسوس نہیں ہوتا کہ افسانہ نگار نے ایک تخیلی دُنیا میں بیٹھ کر زندگی کے بارے میں اپنا نقطۂ نظر واضح کیا ہو۔ وہ کبھی بھی اس کی قائل نہ تھیں کہ قیمتی قالینوں سے مزین اور ریشمی بھاری پردوں سے آراستہ و پیراستہ ڈرائنگ روم میں بیٹھ کر ان لوگوں کی زندگی کی عکاسی کریں جن سے ان کا کبھی سابقہ ہی نہ پڑا ہو۔ ان کو ایسے لوگوں سے سخت نفرت تھی جو عیش و عشرت اور ناز و نعم میں پلے ہوں پھر بھی غریبوں کے دُکھ درد کا دَم بھرتے ہوں:

> "وہ ان نئے ترقی یافتہ امیروں کی حالت بھی جانتی تھیں جو ماڈرن بن چکے تھے اور جن کے یہاں پردے کا رواج اُٹھ چکا تھا، ان کی بیویاں بہنیں اور لڑکیاں انگریزی میں گٹ پٹ کرتیں۔ برج اور رمی کھیلتیں او پک نک پر جاتیں۔ انھوں نے اپنی زبان، قومی انفرادیت اور تہذیب کی دولت

گنوادی تھی۔ ان کی ذہنی پراگندگی ان کے روحانی افلاس سے کم نہ تھی۔ ان کی ساری زندگی ایک بے ہودہ ہیجان بن کر رہ گئی تھی۔[1]"

یہی حقیقت پسندی تھی جس کی وجہ سے وہ افسانوں میں اپنے نقطۂ نظر کو واضح کرنے میں کامیاب ہوسکیں۔

زبان و اسلوب:

رشید جہاں کے افسانوں کا کینواس بے حد وسیع ہے کیوں کہ انھوں نے ایک باعمل انسان کی طرح زندگی کا مشاہدہ نہایت ہی قریب سے کیا تھا۔ للذا کسی بھی مقام پر ایسا محسوس نہیں ہوتا کہ افسانے ایک فن کار نے قلم بند کیے ہیں جس کی پرورش نہایت ہی ناز و نعم سے ہوئی ہو۔ حقیقت نگاری کو پیش کرنے کی اپنی اس کوشش میں انھوں نے افسانے کے اسلوب اور اس کی فنی نزاکتوں اور باریکیوں کی طرف دھیان نہیں دیا اور واقعے کو اپنے افسانے کو بعینہٖ اسی حالت میں پیش کردیا۔

افسانے کو موضوع کا جامہ پہنانے اور کردار پہ حقیقت پسندانہ رنگ و روغن چڑھانے کے لیے زبان کی بڑی اہمیت ہوتی ہے۔ افسانے کی بنیاد، اس کا ڈھانچہ، دلکشی اور مزاج و ماحول اور زبان پر منحصر ہوتے ہیں۔ اس کے لیے ضروری ہے افسانہ نگار کو زماں و مکاں کی زبان پر عبور حاصل ہونا چاہیے۔ رشید جہاں کا یہی وصف انھیں اس زمانے کے ممتاز افسانہ نگاروں کی صف میں جگہ دیتا ہے۔

زبان و بیان اور منظر کشی کے اعتبار سے ان کا افسانہ "سودا" ایک خوبصورت انداز لیے ہوئے ہے۔ انھوں نے اس جنسی عمل کی تصویر کشی کے لیے جس کو کھلے عام بیان نہیں کیا جاسکتا بہت ہی نازک اشاروں سے کام لیا ہے:

"اس اندھیرے میں وہ تینوں مرد برابر ہلتے ہوئے نظر آرہے تھے۔

---

1. سجاد ظہیر، روشنائی بار اول ۱۹۵۹ء دہلی۔ صفحہ نمبر ۳۹۔

ایک عورت اور تین مرد اور تینوں اتنے سخت اور بے چین اور بے تاب۔ فیصلہ مشکل تھا۔ ان کی آوازیں جوشِ حیوانی سے اس طرح کانپ رہی تھیں جس طرح ان کے جسم متحرک تھے۔"

بچپن ہی سے وہ متوسط طبقے کی مسلمان گھرانوں کی خواتین کے کافی قریب رہی تھیں لہٰذا انھوں نے اپنے افسانوں میں اس طبقے کی بامحاورہ زبان کو بڑے ہی ماہرانہ انداز میں پیش کیا ہے۔ جس کی وجہ سے ایک حقیقی تاثر پیدا ہو گیا ہے۔ ان کا افسانہ 'افطاری' دلّی کی مخصوص ٹکسالی زبان کی ایک عمدہ مثال ہے:

"دو!" بیگم صاحبہ زور سے چیخ پڑیں۔ "اری اجڑی اس میں تو زیادہ تھیں ......" لفیبا منہ ہی منہ میں منمنائی۔ لیکن بیگم صاحبہ کی ایکسرے نگاہوں نے جلیبی کے ٹکڑے لفیبا کے دانتوں میں لگے دیکھ ہی لیے۔ بس پھر کیا تھا۔ آؤ دیکھا نہ تاؤ، پنکھا اٹھا کر پھیل ہی تو پڑیں۔ "حرام زادی یہ تیرا روزہ ہے۔ قطامہ! تجھ سے آدھ گھنٹہ اور صبر نہ کیا گیا۔ ٹھہر تو! میں تجھے چوری کا مزا چکھاتی ہوں......"

دلّی کا ہی رنگ "آصف جہاں کی بہو" میں بھی ہو بہو جھلکتا ہے۔ کبریٰ بیگم کے بچے کی پیدائش پر۔

"اے ہے مستین! ابھی سے نال نہ کاٹ دینا ابھی تو آنول نہیں گری ہے۔" کھڑی ہوئی جماعت میں سے ایک نے کہا۔

دائی کا جواب:

"اے بیوی کل کی بچی ہو۔ میرے ہاتھ کی پیدا، اب مجھی کو پڑھانے لگیں۔ میرا چونڈا کیا دھوپ میں سفید ہوا ہے۔ بڑی بیگم خدا کی قسم یہ لڑکیاں اچھے خاصے بھلے آدمی کو اُلّو بنا لیتی ہیں۔ میں ایسی پاگل ہوں کہ نال آنول گرنے سے پہلے کاٹ دوں گی۔"

رشید جہاں نے نچلے طبقے کی زبان کو بھی اپنے افسانوں میں بڑی ہنرمندی

سے استعمال کیا ہے۔ "چھدا کی ماں" میں جب چھدا کا باپ میعادی بخار میں مرگیا تو چھدا کی ماں نے سارا الزام اپنی بہو پر رکھ دیا:

"اے بی بی تم کا جانو یہ باتیں! تم مدرسے میں پڑھو، وہ تو چڑیل ہی چڑیل۔ وا کے آنے کے تین ہی دن بعد چھدا کے باپ کو ایسو تکھار چڑھو کہ پھر اُتر وہی نا۔ تین اٹھواروں میں چل بسو"۔ چھدا کی ماں نے بسورتے اور آنسو پوچھتے ہوئے کہا۔

رشید جہاں کو اپنے قلم پر پورا اعتماد ہے اس لیے ان کے کرداروں کے منہ میں وہی زبان ہے جو موقع و محل کے لحاظ سے ہونی چاہیے۔ وہ جس طرح مختلف النوع کردار پیش کرنے پر قادر ہیں اسی طرح وہ ان کی زبان اور نفسیات پر مکمل کنٹرول رکھتی ہیں۔ ان کے کرداروں کی زبان میں خاص قسم کے محاورات اور رسمیات وغیرہ کا خوبصورت امتزاج دیکھنے کو ملتا ہے۔ 'بے زبان' کی زبان ملاحظہ ہو:

"ہے ہے" کہہ کر احمد بیگم نے سینے پر زور سے ہاتھ مارا اور لہرا کر بولیں۔ "اوئی زمین نہ پھٹ گئی۔ میں تو بوا صدیقہ کو دو پیسے کی سنکھیا کھلا کر سُلا دوں لیکن یہ کام مجھ سے نہ ہو۔ اے کیا آمنے سامنے بٹھا دیا؟ شاباش ہے اس بے شرمی کو۔ لڑکی کو کمرے میں بٹھا کر لڑکوں سے کواڑوں سے جھنکوا دیا"۔

اسی افسانے سے ایک اور مثال:

"اوئی بوا صغرا، تم ایسا پیغام میرے گھر لائی ہو! شاباش ہے تمھاری ہمت پر"۔ صدیقہ بیگم کی اماں نے کلمہ کی اُنگلی کو اوپر کے ہونٹ پر رکھ کر غصے اور حیرت سے کہا"

گھریلو عورتوں دائی، انا اور ملازماؤں کی زبان تو اس دور کی دیگر خواتین فن کاروں

ڈاکٹر قمر رئیس۔ (مقدمہ) وہ اور دوسرے افسانے ڈرامے۔ ۱۹۷۷ء دہلی۔ صفحہ نمبر ۲۷-۲۸۔

کے یہاں بھی نظر آتی ہے مگر جو بے ساختگی رشید جہاں کے یہاں پائی جاتی ہے وہ دوسروں کے یہاں کم ہی ملتی ہے۔ اس بارے میں ڈاکٹر قمر رئیس اظہارِ خیال کرتے ہوئے لکھتے ہیں:

"اب تک اردو افسانے میں جو ناگفتنی تھی گھریلو بول چال کی اسی زبان کے سہارے رشید جہاں نے اسے گفتنی بنا دیا۔ ان کے فن کا کمال اس میں ہے کہ قاری کو احساس بھی نہیں ہوتا کہ وہ افسانے کے ذریعے پردوں کے اندر رہنے والی ایک ایسی محدود دنیا کی وسعتوں کی سیر کر رہا ہے جس سے اردو افسانے کا دامن تقریباً خالی تھا۔[1]"

جہاں تک زبان و اسلوب کا تعلق ہے کہا جا سکتا ہے کہ رشید جہاں پریم چند سے زیادہ قریب ہیں۔ ان کے اسلوب نے رشید جہاں کے کرداروں کو ایک آزاد زندگی گزارنے کا عادی بنا دیا ہے جب کہ پریم چند کے کردار کشمکش کے دائروں میں مقید ہیں۔

رشید جہاں کے افسانوں کا کینوس اتنا وسیع ہوتا ہے کہ قاری مصنف کی موجودگی تک کو بھلا بیٹھتا ہے۔ ان کے افسانے بیانیہ اندازِ بیان سے میلوں دور نظر آتے ہیں اور کرداروں کے قول و فعل میں مکمل یکسانیت نظر آتی ہے۔ لیکن اس کے ساتھ ہی وہ سنسنی خیز یا ہیجان انگیز ڈرامائی واقعات سے مبرا بھی ہیں۔

ان کے اندازِ بیان کی سادگی نے اپنی فنی اہمیت کو کھو دیا ہے مگر دوسری طرف دیکھا جائے تو ان کی حقیقت نگاری اس بات کی اجازت ہی نہیں دیتی ہے کہ زبان پر تصنع کا ملمع چڑھایا جائے۔ یہی وجہ ہے کہ ان کی سادگی میں بھی پرکاری ہے اور اس طرح وہ پہلی ادیبہ تھیں جنھوں نے سب سے پہلے اپنے افسانوں میں گھریلو عورتوں کی بول چال اور زبان کا بھرپور تخلیقی اظہار کیا۔

رشید جہاں کی ادبی خدمات کو پیشِ نظر رکھتے ہوئے ہم ان کو اردو کے چوٹی کے افسانہ نگاروں کی صف میں تو نہیں رکھ سکتے لیکن ایک ترقی پسند ادیب ہونے کے ناطے وہ ایک ایسی مشعل ہمارے ہاتھوں میں دے گئیں جو بعد میں دوسری مشعلوں

[1] ڈاکٹر قمر رئیس (مقدمہ) وہ اور دوسرے افسانے ڈرامے، ۱۹۷۷ء دہلی۔ صفحہ ۲۷۔ ۲۸۔

کو روشن کرنے کا باعث بنی۔ وہ اُردو کی پہلی خاتون افسانہ نگار تھیں جنھوں نے نہایت ہی دلیری کے ساتھ سماج کے ان پہلوؤں کو عریاں کیا جن کو منظرِ عام پر لانا اس دَور میں ایک جرم تصوّر کیا جاتا تھا۔ اس کے ساتھ ہی وہ پہلی مصنفہ تھیں جنھوں نے ایک خود آگاہ اور باغی دل و دماغ رکھنے والی عورت کی تصویر ہمارے سامنے پیش کی ان کی بے وقت موت سے ان کا عظیم کام ادھورا تو ضرور رہ گیا لیکن ان کے بعد کے ادیبوں کو ایک نیا راستہ مل گیا۔ اور بقول ڈاکٹر قمر رئیس :

"اگر وہ اپنے تصنیفی مشاغل کو کچھ اور وقت دے سکتیں۔ اگر کچھ دنوں اور زندہ رہ جاتیں تو بلاشبہ وہ ایسی شاہکار تخلیقات بھی دے سکتی تھیں جو ہندوستانی ادب ہی نہیں عالمی ادب کے لیے سرمایۂ ناز ہوتیں۔"[1]

---

[1] ڈاکٹر قمر رئیس (مقدمہ) وہ اور دوسرے افسانے و ڈرامے۔ دہلی ۱۹۷۷ء۔ صفحہ نمبر ۳۱۔

متفرّق تحریریں

افسانہ نگاری کے علاوہ رشید جہاں نے ڈرامہ نگاری اور مضمون نگاری کے میدان میں بھی طبع آزمائی کی تھی۔ جس طرح انھوں نے افسانہ نگاری میں ایک نئی روایت کو جنم دیا، اسی طرح ڈرامہ نگاری کو بھی انھوں نے ایک نیا موڑ دینے کی کوشش کی۔ بنیادی طور پر وہ ڈاکٹر ضرور تھیں مگر ادب سے ان کا لگاؤ فطری تھا کیوں کہ ان کی پرورش اور ذہنی تربیت بھی ان فضاؤں میں ہوئی تھی جہاں ادب رچا بسا تھا۔ انھوں نے بہت زیادہ تو نہیں لکھا مگر جو کچھ بھی منظرِ عام پر آیا اس سے کہیں زیادہ لکھا۔ ایک ناول کا خاکہ بھی ان کے ذہن میں تھا جس کا ذکر وہ اکثر اپنی زندگی کے آخری دور میں کیا کرتی تھیں[1] مگر ان کو سماجی و سیاسی سرگرمیوں اور خود ان کے اپنے پیشے نے اتنی فرصت ہی نہ دی کہ وہ اپنی تخلیقات کو یکجا کر کے شائع کرائیں اور اس ناول کو بھی تصنیف کریں۔ انھوں نے ریڈیو پر بھی پریم چند اور دوسرے افسانہ نگاروں کے کارناموں کو ڈرامائی شکل میں پیش کیا۔

انیسویں صدی کی چوتھی دہائی کے دوران بین الاقوامی نقشے پر جو سیاسی و سماجی اتھل پتھل ہو رہی تھی اس کا اثر اُس عہد کے مصنفین بھی قبول کر رہے تھے اور عالمی

---

[1] ڈاکٹر حمیدہ سعید الظفر، (پیش لفظ) شعلۂ جوالہ صفحہ نمبر ا لکھنؤ۔ تاریخِ اشاعت درج نہیں۔

جنگ کے خلاف دنیا کے سارے ترقی پسند ادیب ایک ساتھ آواز اٹھا رہے تھے۔ اُردو کے ترقی پسند مصنفین بھی کسی سے پیچھے نہ تھے اور انھوں نے سماجی عدم مساوات، ظلم و بربریت اور فاشزم کے خلاف قلم کی تلوار اٹھائی تھی۔ ان کی نگاہیں نہ صرف ملکی بلکہ عالمی مسائل کی طرف لگی ہوئی تھیں۔ ایسے ہی مسائل پر مبنی ترقی پسند ادیبوں کے کچھ ڈرامے آل انڈیا ریڈیو لکھنؤ سے نشر ہوئے جو بعد میں ۱۹۴۲ء میں "نئی تصویریں" نام کے مجموعے کی شکل میں بھی شائع ہوئے۔ اس مجموعے میں رشید جہاں کے دو ڈرامے "بچوں کا خون" اور "نفرت" بھی شامل تھے۔ اس کے علاوہ انھوں نے کچھ دوسرے ڈرامے بھی لکھے تھے۔

ان کو بخوبی احساس تھا کہ زندگی کو بدلنے اور اس کے مسائل کی طرف عوام کی توجہ مبذول کرانے میں ڈرامہ ایک موثر کردار ادا کر سکتا ہے لہٰذا انھوں نے افسانوں کی طرح ڈراموں میں بھی حقیقت نگاری کو اولین اہمیت دی۔ یہی وجہ ہے کہ سوائے چند ایک کے ان کے سبھی ڈرامے فنی کسوٹی پر کھرے نہیں اُترتے۔

پلاٹ اور موضوعات:

افسانے کے برخلاف ڈرامے کا کینواس نسبتاً مختصر ہوتا ہے۔ یہی وجہ ہے کہ کامیاب ڈرامہ نگار وہی کہلاتا ہے جو نہایت ہی چابک دستی کے ساتھ اس مختصر کینواس پر سارے ہی ضروری رنگوں کا استعمال کر سکے یہ بھی ضروری ہے کہ ڈرامے میں پیش کیے جانے والے مختلف حادثات کو مناظر کی لڑی میں اس طرح پرو دیا جائے کہ وہ ڈرامے کو ایک ہی مرکزی خیال کی طرف لے جائیں اور ساتھ ہی کشمکش اور اس کا حل بھی پیش کریں۔

رشید جہاں کے ڈراموں کے پلاٹ مربوط تو نہیں کہے جا سکتے مگر وہ حقیقت سے بہت قریب ہیں۔ افسانوں کی طرح ان ڈراموں کے موضوعات بھی بالکل اچھوتے ہیں۔ مثال کے طور پر ان کا ڈرامہ "پردے کے پیچھے" یہ ڈرامہ ۳۲-۱۹۳۱ء کی تخلیق ہے۔ جب اُردو زبان ایکانکی ڈرامے سے روشناس ہو رہی تھی۔ "پردے کے پیچھے" عمل اور نقطۂ عروج کے احساس سے تقریباً عاری ہے۔ لیکن اس کا گھٹا گھٹا سا ماحول اور اس میں زندگی

بسر کرنے والی خواتین کی المناک داستان اور مرد کی بوالہوسی کے جاندار نقوش قاری کی دلچسپی کو برقرار رکھنے اور اس کے ذہن کو جھنجھوڑنے میں خاصے کامیاب نظر آتے ہیں۔ رسالے "جامعہ" میں "انگارے" کے افسانوں اور ڈراموں پر تنقید کرتے ہوئے صاحب تبصرہ نے رشید جہاں کے اس ڈرامے کے متعلق اظہارِ خیال کیا ہے:

"ڈرامہ میں ایک پردہ نشین عورت کے دل اور اس کے گھر کا حال سنایا گیا ہے۔ بیویوں کو اپنے شوہروں سے طرح طرح کی شکایتیں ہوتی ہیں لیکن ہمیں اس ڈرامہ میں یہ بتایا گیا ہے کہ ماں کو اس کے بچے بھی دوبھر ہوتے ہیں اگر ان کی تعداد بہت بڑھ جائے اور بچوں کی کثرت سے ماں کی صحت کو بہت نقصان پہنچتا ہے۔[1]"

اس ڈرامے کے پلاٹ سے متعلق ایک بات اور قابلِ غور ہے وہ ہے رشید جہاں کی بیدار مغزی۔ اس دور میں جب خاندانی منصوبہ بندی کا وجود بھی نہ تھا، رشید جہاں کی دور رس نگاہوں نے اس کی ضرورت کو دیکھ لیا تھا اور اس کی اہمیت کو تسلیم کر لیا تھا۔ اس طرح یہ ڈرامہ آنے والے وقت کے بارے میں ہمیں ایک پیغام بھی دیتا نظر آتا ہے۔

"ہندوستانی" اور "پڑوسی" ہندو مسلم اتحاد پر لکھے گئے ہیں۔ ڈرامہ "ہندوستانی" میں انھوں نے ہندوستانی ایک قوم کا نعرہ دیا ہے۔ وہ ہندوستانی جو نہ مسلم ہے اور نہ ہندو بلکہ جو صرف اور صرف ایک ہندوستانی بن کر اپنے ملک کے لیے جینا چاہتا ہے۔ لالہ رام سروپ اور شیخ اسلام الدین کے کردار ایسی ذہنیت کی عکاسی کرتے ہیں جو غریب کے نام پر خون بہا کر اپنا اُلّو سیدھا کرنا چاہتے ہیں لیکن دوسری طرف خود ان کے لڑکے ان کی اس ذہنیت کی نفی کرتے ہیں اور عہد کرتے ہیں کہ ان کو صرف اور صرف ہندوستانی بن کر جینا ہے۔ ڈرامہ اپنے کلائمکس سے پوری طرح مربوط ہے۔

"ان معصوم شہیدوں نے میری آنکھیں کھول دیں۔ انھوں نے

---

[1] 'جامعہ' صفحہ نمبر ۱۷۷۔ فروری ۱۹۳۳ء۔ دہلی۔

دوسروں کے فائدے کے لیے اپنی جانیں دیں۔ بھلا بتاؤ اس سے ہندوستان کو کیا فائدہ ہوگا۔ اشرف یہ لوگ ہندو یا مسلمان کی حیثیت سے مرے۔ آؤ ہم چاروں ہندوستانی بن کر جئیں۔"

اس اختتام سے ظاہر ہے کہ رشید جہاں معاشرے میں پلنے والی فرقہ واریت کو مٹا کر ایک متحدہ ہندوستان کے خواب دیکھ رہی تھیں۔

ڈرامہ "پڑوسی" بھی ہندو مسلم اتحاد کی ایک عمدہ مثال پیش کرتا ہے۔ ساتھ ہی اس میں چھوت چھات کے مسئلہ کو بڑے ہی موثر انداز میں اٹھایا گیا ہے۔ ڈرامے میں اندرا جب جمعدارنی سے پوچھتی ہے کہ اس بار کے فساد میں وہ کس کا ساتھ دیں گی تو اس کے جواب میں کھلی تلخی ملاحظہ ہو:

"بہوجی کیسی باتیں کرو ہو۔ میں کس کی طرف ہوں۔ تم لوگ آپس میں لڑو بھڑو۔ مجھے کیا۔ میرا کام تو میلا اٹھا کر پیٹ بھرنا ہے۔ اب بھی اٹھاتی ہوں جب بھی اٹھاؤں گی۔ کھانے پینے، اٹھنے بیٹھنے میں تم چاہو ہجار بچار کرو، چھوت مانو (ہنس کر) سچی بات تو یوں ہے کہ ہندو مسلمان کے میلے میں کوئی فرق دیکھا نہیں۔"

ڈرامہ "عورت" کا پلاٹ کافی مربوط اور اندازِ بیان بڑا پُراثر ہے۔ سارے واقعات کی تصویر آنکھوں کے سامنے آجاتی ہے۔ یہ ڈرامہ ایک ایسے مرد کے کردار کو پیش کرتا ہے جو اپنی جنسی بوالہوسی کو مذہب کے پردے میں چھپانا چاہتا ہے۔ مذہب نے چوں کہ چار شادیوں کی اجازت دے رکھی ہے لہٰذا اس بہانے سے وہ دوسری شادی کرنا چاہتا ہے۔ اس کی بیوی فاطمہ جب بار بار اس کی مخالفت کرتی ہے تو وہ تشدد پر آمادہ ہو جاتا ہے لیکن فاطمہ اس کی بیوی اس تشدد کے سامنے سپر ڈالنے پر آمادہ نظر نہیں آتی۔

"ذرا سنبھل کے، میں کہتی ہوں کہ بیٹھ جاؤ۔ اگر اپنی عزت کی خیر چاہتے ہو! اگر اس دفعہ تم نے ہاتھ اٹھایا ..... تو میں ذمہ دار نہیں ہوں۔"

حالاں کہ ایک روایتی گھرانے میں شاذو نادر ہی ایسا منظر دیکھنے میں آتا ہو مگر چونکہ رشید جہاں اس دور کی خواتین میں خود آگاہی پیدا کرنا چاہتی تھیں اس لیے انھوں نے اپنی تخلیقات میں اس طرح کے مناظر قلم بند کیے ہیں۔

دوسری طرف ان کا ڈرامہ "مرد عورت" نہایت ہی کمزور تخلیق ہے۔ ڈرامہ کی اجزائے ترکیبی مثلاً مکان، زمان وغیرہ پر ان کی یہ تخلیق قطعاً پوری نہیں اُترتی۔ صرف دو کرداروں مرد و عورت کے بیچ کے مکالموں سے شروع ہو کر یہ ڈرامہ بنا کسی انجام تک پہنچے ختم ہو جاتا ہے۔ رشید جہاں نے حسبِ معمول عورت کی آزادی کا پیغام دیا مگر وہ اس میں کامیاب نظر نہیں آتیں۔

ڈرامہ "بچوں کا خون" جاپانیوں کے ظلم وستم اور فاشزم کے طوفان کے خلاف ایک چیخ کی حیثیت رکھتا ہے۔ ڈرامے کا تیکھا اور دردمندانہ انداز ذہن کو جھنجھوڑتا ہے۔ ان دنوں جاپانیوں نے چین پر جو ظلم وستم کی انتہا کر رکھی تھی۔ یہ ڈرامہ اس کی ایک اچھی تصویر پیش کرتا ہے۔ ڈرامہ 'نفرت' کا موضوع کم و بیش یہی ہے فرق صرف ظالم و مظلوم کا ہے۔ یہ ڈرامہ روسیوں کے خلاف جرمن فاشزم کے احتجاج میں لکھا گیا تھا۔ گو ان دونوں ڈراموں کے پلاٹ جاپان جرمنی چین اور روس کے ارد گرد گھومتے ہیں لیکن ایسا محسوس ہوتا ہے کہ شاید رشید جہاں ان کے ذریعے ہندوستانیوں کو برطانوی اقتدار کے خلاف لڑائی کے لیے تیار کرنا چاہتی تھیں۔

کردار نگاری:

افسانے اور ڈرامے کے کرداروں کے مابین تھوڑا سا فرق ہے۔ افسانے میں تخلیق کار واقعات پر روشنی ڈالنے کے لیے کرداروں کا سہارا نہیں لیتا۔ جب کہ ڈرامہ نگار کو ڈرامہ آگے بڑھانے اور واقعات پر روشنی ڈالنے کے لیے کرداروں پر انحصار کرنا پڑتا ہے اور اس کو کرداروں کی ان ہی خصوصیات کو واقعات سے مربوط کرنا پڑتا ہے جن سے ڈرامہ آگے بڑھانے میں مدد ملتی ہے۔

زندہ کردار تخلیق کرنے کے لیے ڈرامہ نگار کا مشاہدہ نہ صرف تیز ہونا چاہیے بلکہ اس کے لیے یہ بھی ضروری ہے کہ وہ ایسے ہی کرداروں کو وجود میں لائے جن کے متعلق اس کے مشاہدے اور معلومات میں گہرائی اور گیرائی دونوں ہی شامل ہوں۔ رشید جہاں کے فن کا سارا کمال ان کی کردار نگاری ہے کیوں کہ اپنی زندگی میں وہ کرداروں کے زیادہ قریب رہی ہیں اور انھوں نے ان کے دُکھ درد کو بخوبی سمجھا ہے۔

رشید جہاں نے اپنے کرداروں کی تشکیل میں ماہرانہ چابک دستی سے کام لیا ہے۔ خاص طور پر ڈراموں میں ان کے کردار ہی ہیں جو اختتام تک قاری کی دلچسپی برقرار رکھتے ہیں۔ افسانوں کی طرح ان کے ڈراموں میں بھی ہیرو کے بجائے ہیروئن کا کردار نمایاں نظر آتا ہے جو اپنی حیثیت اور حقوق منوانے کے لیے ہر دم کوشاں نظر آتی ہے۔ 'عورت' میں یہ کردار فاطمہ بن کر ابھرا ہے۔ وہ کسی بھی موڑ پر اپنے شوہر مولوی عتیق کی زبردستیوں کے آگے سر جھکانے کے لیے تیار نہیں اور جب وہ مقابلے پر کمربستہ ہوتی ہے تو مولوی عتیق بھی عورت کا جلال دیکھ کر ششدر رہ جاتا ہے۔

رشید جہاں کے ڈراموں کے کردار ان کی شخصیت کی سچی عکاسی کرتے نظر آتے ہیں۔ ان کی یہی شخصیت "پڑوسی" میں بھارتی بیگم بن کر سامنے آتی ہے جو نہ ہندو ہے اور نہ ہی مسلمان بلکہ صرف ایک ہندوستانی ہے:

> "اور جب میں نے تمھاری بہن جی سے پوچھا کہ یہ تمھارا نام بھارتی بیگم تمھارے ماں باپ نے رکھا ہے تو کہنے لگیں۔ نہیں میں نے خود رکھا ہے۔ بھارتی ہندی کا شبد ہے اور بیگم اُردو کا لفظ ہے میں نے ملا کر رکھا ہے۔"

"پردے کے پیچھے" میں انھوں نے جو کردار پیش کیے ہیں وہ اپنے ماحول سے مطابقت رکھتے ہیں ایک کردار بھی غیر ضروری نظر نہیں آتا ہے۔ سارے ہی کردار ایک روایتی متوسط مسلم گھرانے کے افراد ہیں جو اپنی رسوم و روایات کے اسیر بھی ہیں اور عینی شاہد بھی۔

رشید جہاں نے اپنے ڈراموں میں جہاں عورت کے کردار کو نمایاں جگہ دی ہے وہاں ایک سچی کمیونسٹ ہونے کے ناطے محنت کش طبقے کے کرداروں پر بھی توجہ صرف کی ہے۔ وہ جانتی تھیں کہ ملک کی تعمیر و ترقی کے لیے ایک معمولی مزدور کی اہمیت اپنی جگہ مسلم ہے۔ اپنے ڈرامے 'کاٹنے والا' میں انھوں نے دولی کو علامتی کردار بنا کر پیش کیا ہے۔ اس کے ذریعے انھوں نے مزدوروں کو یک جہتی کا پیغام دے کر ان کی طاقت کا احساس دلایا ہے۔ دولی کے الفاظ میں :

> "نہیں میں آج کانٹا نہیں بدلوں گا۔ نہیں نہیں آج تک میں اس انجن کا غلام رہا ہوں۔ ریل کی سیٹی سنتے ہی بھاگ کر جاتا ہوں۔ انجن کی بھاپ اور سیٹی کا غلام۔ آج میں اس بھاپ اور آگ کو للکار دوں گا۔ آج اسے میں کھڑا کر کے حکم دوں گا ٹھہرو۔ ٹھہرو۔ اور ــــ انجن تیز بھاگتے ہوئے پسو کی طرح میرے سامنے کھڑا ہانپ رہا ہوگا۔ لال بتی سے وہ کانپ کر رک جائے گا۔"

یہاں پسو علامت ہے غریبوں کا خون چوستے ہوئے جاگیردارانہ نظام کا رشید جہاں اگر چاہتیں تو دیو پیکر انجن کی مثال کسی بھی چیز سے دے سکتی تھیں مگر پسو کو علامتی کردار بنا کر یہ ثابت کرنے کی کوشش کی ہے کہ جاگیردارانہ نظام بھی پسو کی طرح غریبوں کا خون چوس کر زندہ رہتا ہے۔ ان کی کردار نگاری کے بارے میں ڈاکٹر قمر رئیس رقمطراز ہیں :

> " رشید جہاں کے کردار دو مختلف نسلوں سے تعلق رکھتے ہیں۔ ایک طرف بوڑھے لوگ ہیں۔ فرسودہ روایات، بوسیدہ رسم و رواج اور نیم جان اخلاقی قدروں کے آغوش میں پلے ہوئے۔ جنھیں سماجی نظام اس کے اداروں اور انسانی رشتوں میں کوئی تبدیلی گوارا نہیں ــ دوسری طرف نئی عمر کے نوجوان گھٹن سے بیزار ہیں اور اس سے کسی سمجھوتہ کے لیے آمادہ نہیں۔ آزادی، انصاف اور انسانیت کا ایک

نیا تصور انھیں اس کے خلاف بغاوت پر اکساتا ہے۔ گھر اور باہر کی زندگی کے ہر گوشے میں پرانی اور نئی نسل اور فرد اور سماج کا یہ ٹکراؤ رشید جہاں کی تخلیقات میں نکھر کر سامنے آیا ہے۔"[1]

رشید جہاں نے غیر ضروری واقعات اور لفظی گورکھ دھندوں سے گریز کیا ہے اور صرف کرداروں کی انھیں خصوصیات کو ملحوظ رکھا ہے جن کے ذریعے ڈرامہ آگے بڑھ سکے۔

مکالمے:

ڈرامہ نگاری کے فنی عناصر میں مکالموں کی اپنی اہمیت ہوتی ہے۔ ہر فن کار کوشش تو یہی کرتا ہے کہ اپنے کرداروں سے وہی مکالمے ادا کرائے جو ماحول کی صحیح ترجمانی کرتے ہوں۔ لیکن لبسا اوقات وہ صد فی صد ایسا نہیں کر سکتا کیوں کہ اس سے ایک خلا ایک خلل پیدا ہو جاتا ہے۔ لہٰذا فن کار کو مکالموں کے انتخاب میں احتیاط سے کام لینا پڑتا ہے۔ اور سخت قسم کی واقعہ نگاری کی بجائے کچھ باتوں کا داستان کی نوک پلک درست کرنے کے لیے حسب ضرورت اضافہ بھی کرنا پڑتا ہے۔

مکالمے نہ صرف کردار نگاری میں مدد دیتے ہیں بلکہ کردار کی سوچ اور تصورات کو بھی نمایاں کرتے ہیں۔ اور اس طرح ڈرامے یا افسانے کو آگے بڑھاتے ہیں۔ وہی مکالمے کرداروں کے لیے ضروری قرار دیے جاتے ہیں جو واقعات کو ارتقائی منزلوں سے گزار کر عمل کی رفتار کو بڑھاتے ہیں۔ جو مکالمے ان تقاضوں کو پورا نہیں کرتے وہ بنیادی طور پر ناقص کہلاتے ہیں۔

اپنے ایکانکی اور ریڈیائی ڈراموں میں جس طرح رشید جہاں نے گرد و پیش کی زندگی کو پیش کرنے اور اس کے کرداروں کی ٹھیٹھ اردو بول چال کو استعمال کرنے کی روایت

---

[1] ڈاکٹر قمر رئیس (مقدمہ) وہ اور دوسرے افسانے و ڈرامے ۱۹۷۷ء۔ دہلی صفحہ نمبر ۲۵

قائم کی جس کو ان کے بعد ترقی پسند مصنفین میں کرشن چندر، سعادت حسن منٹو، عصمت چغتائی، اور راجندر سنگھ بیدی نے بھی اپنایا۔

کسی بھی ڈرامے کی کامیابی یا ناکامی میں اس کے مکالموں کا بڑا حصّہ ہوا کرتا ہے۔ اس لیے کامیاب ڈرامہ نگار کو حسب ضرورت برجستہ اور برمحل مکالمات پر خصوصی توجہ صرف کرنا ہوتی ہے۔ رشید جہاں نے بھی اپنے ڈراموں میں اس بات کا پورا خیال رکھا ہے۔ اس لحاظ سے ان کا ڈرامہ "عورت" جو متوسط طبقے کے مسلم گھرانوں میں عورت کی پرُ عذاب زندگی اور شرمناک محکومی سے متعلق ہے ایک کامیاب ڈرامہ کہا جاسکتا ہے۔ اس ڈرامے میں برجستہ اور جاندار مکالموں کا برمحل استعمال نہایت ہی ہنرمندی اور سلیقے سے کیا گیا ہے۔ انھوں نے ڈرامے کے ہار میں مکالموں کے موتیوں کو اس طرح پرو دیا ہے کہ پلاٹ میں کہیں بھی جھول نظر نہیں آتا۔ مکالموں کے ذریعے کرداروں نے اپنی پہچان آپ کرائی ہے۔ ڈرامے میں مولوی عتیق اپنی جنسی بوالہوسی کو شریعت کے پردے میں چھپانے کی کوشش کرتا ہے اور کہتا ہے:

> "انسان کم از کم اپنی طرف سے سب کوشش کر دیکھے۔ میری عمر اب چالیس برس کی ہوگئی اور اب تک کوئی جیتا بچہ نہیں ہے۔ اولاد بڑھاپے کی لاٹھی ہے اور اسی وجہ سے شریعت نے بھی یہ حکم دیا ہے کہ اگر عورت بانجھ ہو یا اس کی اولاد نہ جیتی ہو تو مرد دوسری شادی کرسکتا ہے"۔

فاطمہ کے جواب میں جو تلخی اور زہرخند ہے وہ استحصال کے خلاف آنے والے انقلاب کا پیش خیمہ کہی جاسکتی ہے۔ اس پر فاطمہ ترکی بہ ترکی جواب دیتی ہے:

> "یہ بچے نہ جینے کی شریعت میں نے آج ہی سُنی ہے! تم جو شریعت نہ بناؤ وہ کم ہے۔ میں خدانخواستہ کوئی بانجھ نہیں ہوں۔ دس بارہ بچے پورے اور کچے ملا کر ہوئے۔ اب کوئی نہیں رہا تو اس میں کون سا میرا قصور ہے کہ مجھ کو سزا دی جائے! دنیا بھر کو تم تعویز دیتے ہو، آخر تمھارا علم کس دن کام آئے گا"۔

رشید جہاں نے ایک اور ڈرامہ "کانٹے والا" انڈین پیوپلز تھیٹر کے لیے لکھا تھا جو مزدور طبقے کے اتحاد سے متعلق تھا۔ یہ ڈرامہ کمیونزم میں ان کے پختہ یقین کا آئینہ دار ہے۔ اس ڈرامے کے ذریعے انھوں نے مزدوروں میں اتحاد کی روح پھونکنے کی کوشش کی ہے۔ ڈرامہ اور اس کے مکالمے اس پس منظر کی سچی عکاسی کرتے ہیں جس میں وہ لکھا گیا ہے۔ ڈرامے کا یہ مکالمہ:

> " دولی: تیس سال سے میں اس گاڑی کا کانٹا بدلتا آیا ہوں۔ ریل کی پٹری کا یہ کانٹا۔ لیکن جھینگر میں ایک مجور۔ کدال لے کر کام کرنے والا۔ ایک مجور اگر چاہے تو بھاگتے بکھت کی گاڑی کا کانٹا بھی بدل سکتا ہے۔"

ایک مزدور کی طاقت کا آئینہ دار ہے۔ جس پر معاشرے کی عمارت کھڑی ہوئی ہے۔

نقطۂ نظر:

ان کے افسانوں کی طرح ڈراموں میں بھی اس انقلابی فکر کی پرچھائیاں بخوبی دیکھی جا سکتی ہیں جو اس فرسودہ سماج کے بنیادی ڈھانچے کو بدلنے کی ضرورت اور ایک ایسے نئے سماج کی تعمیر کی طرف اشارہ کرتی ہیں جہاں انصاف کا بول بالا ہو اور مساوات کا دَور دَورہ ہو۔

رشید جہاں کے ڈراموں میں کہیں بھی رومان پسندی اور تخیلی آراستگی اور رنگینی نہیں ملتی۔ اس کے بجائے انھوں نے سماج میں پھیلے افلاس، عدم مساوات اور فرقہ واریت کو اجاگر کرنا زیادہ مناسب اور ضروری خیال کیا۔ بقول ڈاکٹر قمر رئیس:

> " ان کی نظر ہمیشہ سماج کے مظلوم، مجبور اور دکھی انسانوں پر جمی رہتی ہے۔ وہ ان کے ظاہری افلاس، آلودگی اور گندگی سے گزر کر ان کی روح کے ان بے کراں دکھوں میں جھانکتی ہے۔ جہاں انھیں

انسان بننے اور اس سماج میں انسان سمجھے جانے کی آرزو کا دیا روشن نظر آتا ہے[1]"۔

اس دور میں جب فرقہ پرستی اپنے شباب پر تھی، انھوں نے اپنے ڈرامے "ہندوستانی" میں پہلی بار مختلف مذہبی فرقوں کے درمیان شادی بیاہ کی پرزور حمایت کی اور ہندوستانی یک جہتی کی آواز بلند کی جب کہ "کلنٹے والا" میں مزدور ایک عظیم طاقت کی آواز دے کر اٹھی ہیں۔ وہ مزدور کو اس کے حقوق کے بارے میں آگاہ کرنا چاہتی تھیں۔ اس لیے انھوں نے اس محنت کش طبقے کو وقت کی رفتار کا ساتھ دینے کے لیے للکارا "عورت" مرد کی محکومی کے خلاف اعلانِ جنگ ہے۔ تقریباً یہی احساس ڈرامہ "پردے کے پیچھے" میں بھی کارفرما نظر آتا ہے مگر ساتھ ہی رشید جہاں نے اس ڈرامے میں مرد کی جنسی بوالہوسی کو نشانہ بناتے ہوئے خاندانی منصوبہ بندی کی ضرورت پر بھی زور دیا ہے۔

رشید جہاں نے افسانوں اور ڈراموں کے علاوہ کچھ مضامین بھی لکھے تھے لیکن ان کی بے وقت موت نے ان کو فرصت ہی نہ دی کہ ان کو شائع کرائیں۔ ان کا صرف ایک مضمون "منشی پریم چند اور ترقی پسند ادیبوں کی پہلی کانفرنس" ہی منظرِ عام پر آسکا ہے۔ اپنے ایک مضمون میں پروفیسر آل احمد سرور لکھتے ہیں:

"میں نے دو مضمونوں کے مسودے ان کے پاس دیکھے ہیں اور یقین ہے کہ ان کی اشاعت سے ہمارے افسانوی ادب میں صحتِ زندگی اور حقیقت نگاری کا رجحان ترقی کر سکے گا[2]"۔

منشی پریم چند اور ترقی پسند ادیبوں کی پہلی کانفرنس، رشید جہاں کا ایک یادگار اور اہم مضمون ہے جو پریم چند کی موت پر لکھا گیا ہے۔ جیسا کہ اس کے عنوان سے ظاہر ہے اس مضمون میں رشید جہاں نے انجمن ترقی پسند مصنفین کی پہلی کانفرنس کے موقع پر لکھنؤ میں پریم چند سے اپنی ملاقات کا ذکر کیا ہے اور نہایت ہی فن کارانہ انداز میں تین

---

[1] ڈاکٹر قمر رئیس۔ مقدمہ (وہ اور دوسرے افسانے، ڈرامے) صفحہ نمبر ۲۶۔ سنہ ۱۹۷۷ء۔ دہلی۔

[2] آل احمد سرور۔ رشید جہاں ایک تاثر (مضمون) قومی آواز ۱۹۵۲ء بحوالہ شعلۂ جوالہ۔ لکھنؤ۔ تاریخ اشاعت درج نہیں۔ ص۔

دنوں کی ملاقات کی چھوٹی چھوٹی باتوں کے ذریعے پریم چند کی سادہ و پُر وقار شخصیت کے چند اہم پہلوؤں کو اُجاگر کرنے کی کامیاب سعی کی ہے۔ جو ان کے قومی مشاہدے کی نظیر ہے۔ انداز بیان میں ان کا مخصوص افسانوی انداز پنہاں ہے:

"کانفرنس میں ایک دن رہ گیا تو ہمیں مشکل سے ایک ہال دن بھر کے لیے ملا۔ غرض یہ کہ اس جلدی میں سب کچھ ہوا لیکن منشی پریم چند کے آنے کی کوئی اطلاع ہمیں نہیں ملی۔ ہم سب پریشان تھے کہ کیا ہوگا کہیں منشی جی بیمار تو نہیں ہو گئے یا کچھ اور ایسا ضروری کام آپڑا کہ آ نہیں سکیں گے۔ ہم سب دوپہر کا کھانا کھا کر اس پر بحث کر رہے تھے کہ آیا تار بھی بھیجیں یا کچھ دیر اور انتظار کر کے۔ ابھی کچھ اور انتظار کیا جائے پر فیصلہ ہوا۔ سجاد ظہیر کسی کام سے باہر نکلے اور واپس جو آئے تو ایک میانہ قد کا کھدر پوش ان کے ساتھ تھا۔ کانگریس ہو رہی تھی۔ کھدر پوشوں کی کمی نہیں تھی۔ پھر ایک دم ان کو پہچان کر ہم سب خوش ہو گئے۔

پریم چند اتنا بڑا مصنف۔ ہماری کانفرنس کا صدر۔ اس طرح بے وقت اور بغیر کہے آنے پر معذرت کر رہا تھا کہ جیسے کوئی بغیر اجازت گھس آیا ہو۔"

اس مضمون میں رشید جہاں نے بظاہر معمولی نظر آنے والی باتوں کے ذریعے پریم چند کی غیر معمولی شخصیت پر روشنی ڈالی ہے:

"اس دن شام کو ہم لوگوں نے ان کا پیچھا نہیں چھوڑا۔ آپ بھی کسی سے کم نہ تھے۔ ہر قسم کی علمی، سیاسی، تمدنی بحث میں گرم جوشی سے داخل ہوتے تھے۔ اپنی بزرگی اور اپنی علمیت کا کوئی غرور ان میں نہ تھا ہم سے برابر والوں کی سی باتیں کرتے رہے۔ ان کے دماغ اور خیالوں میں تجربے کے ساتھ جوانوں کا سا جوش اور تروتازگی تھی اور کون کہہ سکتا تھا کہ یہ عمر رسیدہ شخص ہے۔ اور یہی وجہ تھی کہ ہم کھل کر ان سے باتیں کر سکتے تھے۔ کھانے کے بعد دھوتی کرتے میں آرام سے صوفے پر بیٹھ کر اپنا گھٹنا ہلانے لگے۔ جب

وہ کوئی بات دلچسپی سے کر رہے ہوں اور بحث میں بالکل ڈوبے ہوں تو
میں دیکھتی تھی گھٹنے پر گھٹنا جلدی جلدی ہلتا تھا اور جو معمولی باتیں ہوں
تو آہستہ آہستہ۔"

مضمون کی زبان سادہ اور پُراثر ہے اور اندازِ بیان اتنا دل کش ہے کہ قاری کی دلچسپی اختتام تک برقرار رہتی ہے مگر اس پر ان کے مخصوص افسانوی انداز کی چھاپ ہونے کی وجہ سے مضمون کا طرز جاذبی نہیں ہو سکا ہے۔ البتہ اس مضمون کی تاریخی اہمیت سے انکار نہیں کیا جا سکتا کیوں کہ ترقی پسند کانفرنس پر یہ ایک دستاویز کی حیثیت رکھتا ہے۔

رشید جہاں کا دوسرا مضمون "ہماری آزادی"۔ "چنگاری" ۱۹۳۹ء میں شائع ہوا تھا۔ اس وقت تک وہ مکمل طور پر ایک سیاسی کارکن بن چکی تھیں۔ یہ مضمون ایک ردِعمل اور کانگریسی حکومت پر تنقید ہے۔ ۳۸-۱۹۳۷ء تک کانگریس پارٹی کی صوبوں میں الیکشن کے ذریعے حکومت حاصل کر چکی تھی لہٰذا اُمید ہو چلی تھی کہ انتظامیہ میں سدھار آئے گا اور شہری حقوق پہلے سے زیادہ ہوں گے لیکن ہوا اس کا اُلٹا۔ جب بمبئی کی کانگریسی حکومت نے مزدوروں کو ہڑتال کا حق دینے سے انکار کیا تو مخالفت میں زوردار ہڑتال کی گئی، مزدوروں پر گولیاں چلائی گئیں۔ اس کے ردِعمل میں رشید جہاں لکھتی ہیں کہ نظام بدلا نہیں بلکہ اس کو چلانے والے ہاتھ بدلے ہیں پہلے کلکٹر اور ڈپٹی کلکٹر ہوا کرتے تھے اور اب منسٹر ہیں۔ رشید جہاں کا یہ مضمون موضوع کے لحاظ سے معمولی ہی ہے لیکن اس عہد کی صحافت کو اگر مدِنظر رکھا جائے تو یہ ایک بے باک قلم کا شاہکار کہا جا سکتا ہے۔

حقوقِ نسواں کی علمبردار

آج سے تقریباً سو برس پہلے کوئی یہ تصور بھی نہیں کرسکتا تھا کہ رسم و رواج میں جکڑی مرد کی زیر دست اور اس کی محکوم عورت گھر سے باہر مردوں کے دوش بدوش ترقیاتی کاموں میں حصہ لے سکے گی۔ ایسے دور میں جب سماج میں مرد کی حکمرانی تھی اور اس کا دبدبہ چاروں طرف پھیلا ہوا تھا اس وقت عورتوں کے حقوق اور اس کی آزادی کی آواز اٹھانا سر پر کفن باندھنے کے برابر تھا۔

وہ ایک ایسا دور تھا جب عورتوں کو ایک مخصوص تناظر میں دیکھا جاتا تھا۔ مرد نے اس کے چاروں طرف ایک خاص قسم کا مذہبی، اخلاقی اور تہذیبی حصار کھینچ دیا تھا۔ صدیوں سے چلی آرہی محکومیت کی وہ اس قدر عادی ہوچکی تھی کہ اس کی غلامانہ سوچ اس بات کی اجازت ہی نہیں دیتی تھی کہ وہ اس حصار سے باہر نکل کر مرد کے جبر و استبداد کے خلاف آواز اٹھائے۔ گویا ایک طرح سے مرد نے اس کی برین واشنگ کردی تھی لہٰذا وہ ایک نفسیاتی مریض بن کر رہ گئی تھی۔ سماج میں نہ تو اس کی کوئی انفرادی شخصیت ہی تھی اور نہ کوئی آواز۔

ایک ایسا وقت بھی آیا جب خواتین میں اپنے حقوق کے لیے بیداری پیدا ہونا شروع ہوگئی اور انگلینڈ میں ۱۸۶۶ء میں ویمنز سفریج WOMEN SUFFURAGE کے نام سے خواتین کی ایک تنظیم کی بنیاد پڑی۔ اس کا پہلا مطالبہ عورتوں کے لیے حقِ رائے دہی حاصل کرنا تھا لیکن وہ اپنی کوششوں میں کامیاب نہ ہوسکی۔ بعد میں نیشنل یونین آف ویمنز

سفریج سوسائٹیز جیسی مختلف تنظیمیں بھی وجود میں آئیں اور ان کی ۳۰ برس کی طویل اور صبر آزما جدوجہد کے بعد ۱۹۱۸ء میں خواتین کو حقِ رائے دہی حاصل ہوگیا۔

دوسری طرف ۱۹۰۳ء میں ایمیلی پین کھرسٹ نے حقوقِ نسواں کے حصول کے لیے ویمنز سوشل اینڈ پولیٹیکل یونین کے نام سے ایک تنظیم قائم کی۔ اس تنظیم کے ذریعے مردوں کی صدیوں پرانی بالادستی کے خلاف پرزور احتجاج کیا گیا۔ ان کی لڑکی کرسٹابال نے بھی اس تحریک کو کامیاب بنانے کے لیے ایک سرگرم کردار ادا کیا۔ ۱۸۸۲ء میں میریڈ ویمنز پراپرٹی ایکٹ پاس ہونے کے بعد خواتین کو ذاتی ملکیت کی خرید و فروخت کا حق بھی حاصل ہوگیا۔

اس جدوجہد کے حامیوں اور خیرخواہوں میں خواتین ہی نہیں بلکہ وسیع النظر مرد بھی شامل تھے۔ ان میں لوگوں میں سیسلی ہیملٹن، الزبتھ رابنسن، اوشنیر نیسر، اے۔ بی۔ نیل، ورجینیا وولف اور ایچ۔ جی۔ ویلیز اور برنارڈ شا کے نام قابلِ ذکر ہیں۔ پین کھرسٹ اور ای پیتھک لارنس نے تانیثی تحریک اور اس کے مطالبات مقاصد اور اقدامات پر کئی مضامین قلم بند کیے۔ اسی دوران ویمنز سفریج جرنل، دی کامن کاز، ووٹ فار ویمن وغیرہ نام کے جرائد بھی شائع ہوئے جنھوں نے عورتوں کے حقوق کی موافقت میں کافی اہم کردار ادا کیا۔ اس سلسلے میں عتیق اللہ تحریر کرتے ہیں:

> "تانیثی تحریک کا نقشِ اوّل ایک خاتون کا مرہونِ قلم ہے جب کہ نقشِ دوم نتیجہ ہے جان اسٹوارٹ مل کا۔ مِل نے اُنیسویں صدی میں ایک مقالہ بہ عنوان 'محکومیِ نسواں' ON THE SUBJUGATION OF WOMEN لکھا۔ جیسا کہ عنوان سے ظاہر ہے مِل نے دو متناقض پہلوؤں کو نمایاں کرنے کی سعی کی تھی۔ عورت بہ حیثیت ایک مطیع، مغلوب اور تابعدار صنف کے اور اس کے مقابلے میں مرد جو تقریباً ہر شعبۂ حیات و فکر میں بحیثیت ایک معائر ساز کے کارکرد و سرکرد ہے، عورت کی اس حیثیت کا ذمہ دار ہے۔ نتیجتاً معاشرے میں مرد جہاں سرگرم اور اپنے وجود کی خود تصدیق

ہے خوگر ہے خودنگر ہے عورت محض ایک دست نگر ہے جسے نہ تو اپنی شخصیت کو خود بنانے کا حق ہے اور نہ انفرادیت کی تشکیل کا حق۔"[1]

دوسری جنگ کے بعد تانیثی تحریک میں شدت پیدا ہوتی گئی۔ اور آخرکار ۱۹۷۵ء میں ایک ایکٹ کے تحت عورتوں کے ساتھ روا رکھے گئے تمام امتیازات کو غیر قانونی قرار دے دیا گیا۔

اسی ماحول کے زیر اثر ادب میں تانیثیت پروان چڑھی اور ادبی تخلیقات میں ایک ایسی عورت کا کردار جگہ پانے لگا جو اپنے سیاسی اور سماجی حقوق سے پوری طرح آگاہ تھی اور اس طرح ایک روایتی ہیروئن کی جگہ ایک غیر رسمی ہیروئن سامنے آئی۔

ادھر ہندوستان میں انگریزی تہذیب کی آمد سے عورت کے ارد گرد حصار میں پہلی بار دراڑیں پڑیں۔ انگریزوں کی آمد کے بعد ہندوستان میں عیسائی مشنریوں کا غلبہ بڑھنے لگا۔ ان کی ترغیب سے لوگوں میں کسی حد تک لڑکیوں کی تعلیم کے تئیں بیداری پیدا ہونے لگی۔ دوسری طرف کچھ ہندوستانی تنظیمیں مثلاً آریہ سماج اور برہمو سماج کے ساتھ ساتھ مسز بی گوکھلے، مسز پاروتی فسکیھر، مہارانی میسور وغیرہ بھی اس میدان میں نکل پڑیں۔ نتیجتاً ہندوستان میں تعلیم نسواں کا زور بڑھنے لگا۔ علی گڑھ جو پہلے ہی سرسید اور ان کے رفقا کی کوششوں سے جدید تعلیم کی ترقی کا مرکز تھا اب مسلم خواتین کی سرگرمیوں کا مرکز بن گیا۔ ان خواتین میں بیگم بھوپال، عطیہ فیضی، محمدی بیگم، نذر سجاد حیدر، صغرا ہمایوں مرزا وغیرہ تعلیم نسواں کی ترقی و ترویج کے لیے سرگرم تھیں۔ نتیجتاً سماج کے ہر شعبے میں خواتین ترقی کرنے لگیں۔ لہٰذا گوشۂ ادب بھی اچھوتا نہ رہا اور خواتین تخلیق کاروں کی ایک صف تیار ہو گئی جنھوں نے ادب کے میدان میں طبع آزمائی شروع کی۔ لیکن ان خواتین کی تخلیقات بھی امورِ خانہ داری، شوہر کی خدمت گذاری، کفایت شعاری سے متعلق پند و نصائح پر مبنی تھیں،

---

[1] عتیق اللہ۔ تانیثیت۔ ایک سیاقی مطالعہ (مضمون) نیا سفر نمبر ۳۔ ۱۹۹۴ء۔ نئی دہلی۔ مرتبہ ڈاکٹر قمر رئیس۔ صفحہ نمبر ۳۷۔

بعد میں ان کا دائرہ کسی حد تک رومانویت تک وسیع ہو گیا لیکن ان کا کینوس بہت محدود تھا۔ اس کی وجہ صاف تھی۔ عورت صدیوں تک محکوم رہی تھی ان کی اپنی کوئی شخصیت نہ تھی لہٰذا اس کا اپنا وجود بحیثیت ایک تخلیق کار اور ادیبہ اور ایک مصنفہ کے بھی نہ تھا۔ اس کے وجود کی صحیح عکاسی تک نہیں کی گئی تھی۔ اگر مرد نے اس کو اپنی تخلیقات میں پیش بھی کیا تھا تو محض ایک شو پیس بنا کر اور بقول عتیق اللہ:

> "عورت کے مسئلے کو زیادہ پیچیدہ بنانے میں جہاں ایک طرف افلاطون جیسے فلسفیوں کا ہاتھ ہے کہ عورت ان کے نزدیک عورت امرا کی ہوتی گویا کہ ایک مملوکہ شے ہے۔ وہاں اسے ایک انتہائی زود حس اور جذباتی بتایا گیا۔"[1]

لہٰذا اس کی تخلیقات بھی ایک محدود دائرے میں گھومتی تھیں۔ ان پر صدیوں پرانی محکومیت کی چھاپ صاف نظر آتی تھی۔ ان خواتین میں کوئی بھی ایسی نہ تھی جس نے ان روایاتی موضوعات سے الگ ہٹ کر کچھ کہنے کی کوشش کی ہو۔

رشید جہاں کو اپنی سائنسی بصیرت اور جدید تعلیم کی بدولت ان تمام حالات کا تجزیہ کرنے کا موقع ملا تھا لہٰذا اس جمود کو توڑنے کا سہرا ان کے سر ہی جاتا ہے۔

چونکہ وہ بچپن ہی سے ایک باغی اور حساس ذہن کی مالک تھیں اس لیے انھوں نے کبھی بھی اس فرسودہ سماج اور اس کی رسوم و روایات سے سمجھوتہ نہیں کیا۔ اور جب پہلی بار انھوں نے مردوں کے دوش بدوش آزادیٔ نسواں اور حقوقِ نسواں کا نعرہ لگایا تو سماج میں کھلبلی مچ گئی۔ چوں کہ ان کو ایک ڈاکٹر اور کارکن ہونے کی وجہ سے زندگی کو کافی قریب سے دیکھنے کا موقع ملا تھا اس لیے ان کی تخلیقات میں عورتوں کے درمیان ان کے حقوق کے تئیں بیداری پیدا کرنے کا جذبہ نمایاں نظر آتا ہے۔ چوں کہ وہ حقوقِ نسواں اور آزادیٔ نسواں کا علم لے کر آگے بڑھی تھیں اس لیے ان کی تحریروں میں عورت ہی

---

[1] عتیق اللہ: تانیثیت: ایک سیاقی مطالعہ (مضمون) نیا سفر نمبر ۳-۴، ۱۹۹۴ء نئی دہلی، صفحہ نمبر ۲۸، مرتبہ ڈاکٹر قمر رئیس

غالب نظر آتی ہے۔ ایک ایسی عورت جو اپنے حقوق حاصل کرنے کے لیے کچھ بھی کرگذرنے کو تیار ہے۔ ان کا ڈرامہ 'عورت' ایک ایسی ہی عورت کی تصویر پیش کرتا ہے۔ اپنے شوہر کی دوسری شادی کرنے کی ہر دلیل کو وہ رد کرتی ہے اور کبھی بھی ہار نہیں مانتی۔ آخر کار اس کے شوہر عتیق کو ہی جھکنا پڑتا ہے۔ رشید جہاں یہی بتانا چاہتی تھیں کہ عورت اگر خود آگاہ ہو تو اپنے سارے حقوق حاصل کرسکتی ہے۔

دوسری طرف چھدّا کی بیوی ہے جو ایک عورت کے ہی ہاتھوں اپنا استحصال برداشت نہیں کرتی اور جب اپنی ساس کے خلاف کمر بستہ ہوتی ہے تو چھدّا کی ماں کو خاموش ہو جانا پڑتا ہے۔

ایک اور کردار صفیہ کا ہے جو سیاسی اور سماجی طور پر ایک بیدار عورت ہے۔ وہ نہیں چاہتی کہ اس کا شوہر بھی ہوا کے رُخ کے ساتھ چلے اور پولیس کے دوسرے عہدیداروں کی طرح بدعنوانی کے جال میں پھنس جائے۔ ایک بیدار مغز تعلیم یافتہ عورت ہی ایک صحت مند معاشرے کی تشکیل کرسکتی ہے۔ یہی پیغام صفیہ کے کردار میں جھلکتا ہے۔

رشید جہاں چوں کہ خود ایک ماہر امراضِ نسواں تھیں لہٰذا علاج و معالجہ اور وضع حمل کے پرانے طریقوں کے نقصانات سے بخوبی واقف تھیں۔ اور چاہتی تھیں کہ خواتین میں حفظانِ صحت، بچوں کی پرورش اور پرداخت کے تئیں بیداری پیدا ہو۔ ان کا یہی پیغام "آصف جہاں کی بہو"۔ "استخارہ"۔ "ساس اور بہو"۔ اور "پردے کے پیچھے" میں جھلکتا ہے۔ "پردے کے پیچھے" میں تو انھوں نے خاندانی منصوبہ بندی کا پیغام بھی دیا ہے۔ یہ ڈرامہ ان کی دُور اندیشی کو بھی ظاہر کرتا ہے۔

ان کی باغی ذہنیت اور سماجی شعور 'صفر' میں ذکیہ بن کر ابھرا ہے۔ وہ اپنے بھائی سعید کے ساتھ گھر سے نکل جانے کو تیار ہو جاتی ہے اس لیے نہیں کہ اس کو بھائی سے محبت تھی بلکہ اس لیے کہ وہ اپنے والد اور دیگر بھائیوں کے مقابلے میں سعید کے راستے کو صحیح سمجھتی ہے۔

ان کی تحریریں ہی تھیں جس کے نتیجے میں مرد و زن ایک دوسرے کے قریب آئے

اور انھوں نے ایک دوسرے کے مسائل کو بخوبی سمجھا۔

چوں کہ رشید جہاں خود ایک خاتون تھیں اس لیے ان کے افسانوں کا محور عورت ہی ہے چاہے وہ "غریبوں کا بھگوان" کی 'درگا' ہو، "میرا ایک سفر" کی 'زبیدہ' "افطاری" کی 'نسیمہ' اور یا پھر "وہ" کی طوائف۔ لیکن اگر یہ کہا جائے تو بے جا نہ ہوگا کہ اپنے آپ کو روایتی خاتون کی صف سے الگ کرنا ہی ان کا عظیم کارنامہ ہے۔ انھوں نے عورت کو ایک محکوم مخلوق، ایک دیوی یا پھر ایک روایتی ہیروئن کے بطور پیش نہ کر کے اس کو اس کے مسائل، چاہے وہ نفسیاتی ہوں، جذباتی یا پھر معاشرتی کے تناظر میں دیکھا ہے، اس کے کردار کا تجزیہ اپنی سائنسی بصیرت اور نقطۂ نظر کی روشنی میں کیا ہے۔ انھوں نے اپنے موئے قلم سے سماج کے رِستے ہوئے ناسوروں کا آپریشن کیا ہے خاص طور پر جہاں اس کا تعلق عورت سے ہے۔ اگر انھوں نے مرد کو سزاوار پایا ہے تو اس کو للکارا ہے اور اگر عورت کسی بُرائی میں مبتلا نظر آئی ہے تو اس کو اس کا احساس بھی دلایا ہے۔ ایسا محسوس ہوتا ہے کہ اس معاملے میں وہ کسی حد تک پریم چند سے بھی اختلاف رکھتی ہیں۔ پریم چند کے افسانوں کی عورت ایثار و وفا کی دیوی ہے محبت کرنا ہی جس کی گھٹی میں پڑا ہوا ہے اور قربانی دینا جس کی فطرت ہے جب کہ رشید جہاں کی تخلیقات کی عورت ہر مقام پر علَمِ بغاوت بلند کیے نظر آتی ہے وہ ظلم کے آگے جھکنا نہیں جانتی کیوں کہ وہ خود آگاہ ہے اور اس کے اندر سیاسی و سماجی شعور اور بیدار مغزی ہے۔ وہ اپنے استحصال پر برہم ہے اور سماجی گھٹن سے متنفر۔ وہ ایک آزاد خوشحال ماحول کا خواب آنکھوں میں سجائے انقلاب کے راستے پر چلتی دکھائی دیتی ہے۔

"رشید جہاں کی کہانیوں میں اس انقلابی فکر کے نقوش دیکھے جاسکتے ہیں جو سماج کے بنیادی ڈھانچے کو بدلنے اور انصاف اور مساوات پر مبنی ایک نئے سماجی نظام کی تعمیر پر زور دیتی ہے۔[1]"

---

[1] ڈاکٹر قمر رئیس (مقدمہ) : وہ اور دوسرے افسانے و ڈرامے ۱۹۷۷ء۔ نئی دہلی۔ صفحہ نمبر ۲۶

اختتامیہ

رشید جہاں کا ادبی سفر ۱۹۲۲ء میں "انگارے" میں شائع ان کے ایک افسانے اور ڈرامے کی اشاعت سے شروع ہوتا ہے۔ اس مجموعے میں شامل ان کی تخلیقات نے ان کو ممتاز فن کاروں کی صف میں لاکھڑا کیا۔ بعد میں یہ مجموعہ تو ضبط کر لیا گیا مگر رشید جہاں کو ایک شناخت عطا کر گیا اور اس طرح روشن خیال اور ترقی پسند گھرانوں میں وہ ایک انقلابی اور آزادیِ نسواں کی علمبردار سمجھی جانے لگیں اور ایک قابلِ تقلید مثال بن گئیں۔ اس کے برعکس قدامت پرست گھرانوں میں انھیں تنقید و تنقیص کا ہدف بنایا گیا۔

"انگارے" کے خلاف احتجاج کا جو طوفانِ عظیم اٹھ کھڑا ہوا تھا۔ اس کا نشانہ رشید جہاں بھی تھیں۔ ان کی بجائے کوئی اور ہوتا تو شدید نکتہ چینی سے گھبرا کر آئندہ کچھ لکھنے کی ہمت نہ کرتا بلکہ افسانہ نگاری سے توبہ کر لیتا لیکن رشید جہاں نے عزم و ہمت سے کام لیا اور اس طوفان سے گھبرانے کے بجائے قلم کی تلوار پر اپنی گرفت اور بھی مضبوط کر لی اور اپنا ادبی سفر جاری رکھا۔

رشید جہاں کا ذہن ابتدا ہی سے ادب کی طرف مائل تھا۔ ادب سے محبت ان کو ورثے میں ملی تھی۔ اس کا سب سے بڑا سبب ان کا خاندان تھا جو علم و دانش کے محاذ پر نمائندہ اور ممتاز حیثیت رکھتا تھا۔ رشید جہاں کے حساس ذہن کو جلا بخشنے میں کئی اسباب کارفرما رہے۔ اولاً وہ بچپن ہی سے تعلیم بالخصوص تعلیمِ نسواں اور اس

خصوص میں خواتین کے کردار کی اہمیت کو سمجھنے لگی تھیں۔ دوئم ان کے خاندان میں تعلیم یافتہ خواتین کے اجلاس، شیخ عبداللہ ایسے روشن خیال والد کی سرپرستی اور ان کی والدہ "اعلیٰ بی" کی اعلیٰ درجے کی تربیت سوئم ان کا رابطہ قوم پرست اور عوامی تحریکوں سے متواتر رہا تھا۔ رشید جہاں نے جب اپنی تعلیم مکمل کرنے کے بعد عملی زندگی میں قدم رکھا تو لکھنؤ میں سجاد ظہیر گروپ سے قربت بھی ان کی ادبی زندگی کی ترقی میں ممد و معاون ثابت ہوئی۔

یہ وہ دَور تھا جب پنڈت نہرو کی قیادت میں نوجوان نسل قومی تحریک سیاسی مطالبات اور سماجی انقلاب کی جدو جہد میں مصروف تھی۔ قومی تحریک میں چھوت چھات، فرقہ واریت، مسائلِ نسواں و حقوقِ نسواں اور سماج کو دوسری لعنتوں اور تعصبات سے نجات دلانے کے لیے کوششیں اپنی جگہ بنا چکی تھیں۔ دوسری طرف نئے خیالات و تجربات کے زیرِ اثر اُردو ادب بھی پرانی راہوں سے منہ موڑ کر نئی راہوں پر ایک نئے سفر کے لیے اپنا قافلہ لیے تیار کھڑا تھا۔ رشید جہاں ان دونوں ہی محاذوں پر اپنے ساتھیوں کے ساتھ سرگرم عمل تھیں اور اپنے آخری ایام تک برسرِ پیکار رہیں۔

رشید جہاں نے اپنے گھر کے مذہبی اور ادبی ماحول سے نکلنے کے بعد جب کالج میں داخلہ لیا تو انگریزی اور مغربی ماحول کے اثرات بھی جلد ہی قبول کر لیے۔ لیکن مغرب کی اندھی تقلید اور فیشن پرستی کے بجائے انھوں نے روشن خیالی اور مقصدیت کے رجحان کو قبول کر کے عملی طور پر ایک نئی بیداری کے لیے کام کیا۔ ایک طرف پرانی دلی میں ان کی ننھیال کا وہ ماحول تھا جہاں ان کی آمد و رفت تھی اور جہاں عورت کی زبوں حالی و استحصال، مظلومیت و بے چارگی، فرسودہ روایات اور اوہام پرستی نے ان کے حساس ذہن کو بُری طرح متاثر کیا۔ دوسری طرف ان کا عمیق مطالعہ سیاسی و سماجی بصیرت اور خود ان کے اپنے پیشے کے تقاضے تھے جنھوں نے ان کے ادبی ذوق کو مزید جِلا بخشی۔ ان کے قلم سے جو پہلا افسانہ نکلا وہ 'سلمیٰ' تھا۔ گو ان کا یہ افسانہ انگریزی میں تھا مگر جلد ہی انھوں نے یہ محسوس کر لیا کہ انگریزی زبان ان کے خیالات و

احساسات کا ساتھ نہیں دے سکتی۔ دوسرے وہ جن کے لیے لکھنا چاہتی تھیں وہ اُردد داں طبقہ تھا۔ لہٰذا بعد میں انھوں نے مستقل طور پر اُردو کو ہی اپنے خیالات کا ذریعۂ اظہار بنایا۔

رشید جہاں نے خواتین کے مسائل خصوصاً متوسط اور ادنیٰ طبقے کی مسلم خواتین کے مسائل کو اپنا موضوع بنایا ہے۔ یہ رشید جہاں ہی تھیں جنھوں نے سب سے پہلے ایک ایسے رجحان کی ابتدا کی جس کے تحت مسلم گھرانوں کی زندگی بالخصوص اس طبقے کی خواتین کی ذہنی اُلجھنوں اور ان کی روزمرہ کی جزئیات کی نہایت ہی سادہ زبان میں مصوری کا چلن ہوا۔ اس کے علاوہ مسلم خواتین کی زبان و محاوروں کو کہانی کی زبان میں داخل کرنے کی روایت قائم کی۔ رشید جہاں انقلابی طرزِ فکر رکھنے والی اُردو کی غالباً پہلی مصنفہ تھیں جنھوں نے بوسیدہ رسم و رواج اور فرسودہ روایات کے خلاف عَلَمِ بغاوت بلند کیا۔

رشید جہاں کی افسانہ نگاری کا آغاز اس دَور سے عبارت ہے جب اُردو افسانے میں ہر طرف رومانوی دھند چھائی ہوئی تھی اور اُردو افسانہ بہ لحاظِ فکروفن اپنے تشکیلی دورسے گزر رہا تھا۔ اور ایک نئی صنفِ ادب کی حیثیت سے اُردو افسانہ اپنی واضح شناخت بھی قائم نہیں کرسکا تھا۔ اسٹیوین ایم پولس کے مطابق:

> "اپنے سے پہلے کی ادبی نسل کے نقشِ قدم پر چلنے کے ساتھ ساتھ رشید جہاں اپنی کہانیوں کو تعلیم کے ایک ذریعے کے طور پر استعمال کرتی تھیں۔ اُردو ادب میں ان کا یہ رویّہ بعد میں ان کے انجمن ترقی پسند مصنفین میں شمولیت کے بعد اور مستحکم ہوگیا۔ رشید جہاں نے اسی سبب سے اپنی کہانیوں میں کرداروں کی بہ نسبت موضوع کو زیادہ اہمیت دی ہے۔[1]"

---

[1] اسٹیوین ایم پولس۔ انگارے کی رشید جہاں۔ ان کی زندگی اور تصانیف۔ (مضمون) ماہنامہ 'طلوعِ افکار' کراچی۔ فروری ۱۹۸۸ء۔ صفحہ نمبر ۴۴۔

"آصف جہاں کی بہو"۔ "دلّی کی سیر"۔ "عورت" اور "استخارہ" رشید جہاں کے وہ افسانے ہیں جن کے ذریعے انھوں نے مردوں کی جانب سے خواتین کے لیے مجرمانہ بے نیازی، لاتعلقی اور ایک بے رحمانہ رویّے کی سچی عکاسی کی ہے۔ "ساس بہو" اور "چھدّا کی ماں" میں ایسے ہی بے رحمانہ رویّے کا مظاہرہ بہوؤں کے لیے عورت کی طرف سے بیان کیا گیا ہے۔ "پردے کے پیچھے" اور "عورت" وغیرہ ایسے ڈرامے مرد کی جنسی بوالہوسی کی مثال ہمارے سامنے پیش کرتے ہیں۔ "عورت" میں یہ مرد اپنی جنسی خواہشات کی تکمیل کے لیے مذہب کی آڑ لیتا نظر آتا ہے جب کہ پردے کے پیچھے، میں اسی مرد کو صرف اپنی جنسی خواہشات کی تکمیل سے مطلب ہے اور اس کے نتیجے میں پیدا ہونے والے کمزور اور بیمار بچّوں کی بڑھتی ہوئی تعداد، ان کی پرورش و تربیت اور بیوی کی گرتی ہوئی صحت سے اس کو کوئی سروکار نہیں۔

'غریبوں کا بھگوان' میں غریبی اور بیوگی کے مسائل اٹھائے گئے ہیں۔ جب کہ سیاسی عدم واقفیت اور طبقاتی نظام کی لعنتوں پر انھوں نے افسانہ 'افطاری' لکھا تھا 'سلطے' والدین کی مرضی کی شادی کے خلاف ایک احتجاج کی حیثیت رکھتا ہے۔ جب کہ 'فیصلہ' انگریزوں کے 'حسنِ سلوک' پر ایک کاری ضرب لگاتا نظر آتا ہے۔ جس میں انگریز قوم سارے ہی 'نیٹو' کو بے ایمان ٹھہراتی ہے۔ ان کا ایک اور افسانہ 'وہ' بیسوا کی زندگی پر ایک منفرد طرز کا افسانہ ہے جو بیسوا کے المناک انجام پر لکھا گیا ہے۔ جب وہ امراضِ خبیثہ سے پریشان ہو کر دردر کی ٹھوکریں کھانے اور نفرتیں جھیلنے کے لیے تنہا چھوڑ دی جاتی ہے۔

رشید جہاں ایک ڈاکٹر تھیں۔ انھوں نے اپنے اسی پیشے کے تجربات کی بنیاد پر 'استخارہ'، 'پردے کے پیچھے'، 'آصف جہاں کی بہو' اور 'وہ' ایسے افسانے لکھے ان میں سے اوّل الذکر میں حمل اور پیدائشِ اطفال سے متعلق ہیں جس میں انھوں نے اس سلسلے میں پائے جانے والے لغو اور فرسودہ تصوّرات اور رسم و رواج کو ترک کرنے کی ضرورت پر زور دیا ہے۔ 'غریبوں کا بھگوان'، اور 'پن' میں انھوں نے مذہب کے نام پر

انسانوں کے ساتھ کیے جانے والے غیر مساوی برتاؤ کے خلاف آواز اٹھائی ہے۔

ڈرامہ ' کاٹنے والا ' مزدور کی عظیم طاقت کا آئینہ دار ہے۔ اس ڈرامے میں رشید جہاں یہ تاثر دینا چاہتی ہیں کہ مزدور ایک اہم اکائی ہے، چاہے وہ دہقان ہو یا پھاوڑا چلانے والا اور یا پھر کاٹنے والا ہو، اس کے بنا اس نظام کا تصور ہی محال ہے۔

حقیقت کو اس کے صحیح سیاق و سباق میں پیش کرنے کی سعی میں رشید جہاں نے بیشتر مقامات پر افسانے کے فنی پہلوؤں کو نظر انداز کر دیا ہے، یہی وجہ ہے کہ ان کے بہت کم افسانوں کو کامیاب افسانوں کا نام دیا جا سکتا ہے۔ ان میں ' افطاری '، ' پردے کے پیچھے '، ' وہ ' اور ' آصف جہاں کی بہو ' خصوصیت کے ساتھ قابلِ ذکر ہیں۔

حالاں کہ رشید جہاں نے کرداروں کی بہ نسبت موضوع کو زیادہ اہمیت دی پھر بھی ان کے کردار بہت باعمل جاندار اور متحرک ہیں۔ وہ ایک باعمل عورت تھیں اس لیے ان کے کردار بھی زندگی سے بھرپور نظر آتے ہیں۔ ' عورت ' کی فاطمہ اور ' غریبوں کا بھگوان ' کی درگا خود آگاہ ہیں اور مرد کے جبر و استبداد کے خلاف جنگ کرتی نظر آتی ہیں، دوسری طرف کچھ کردار ایسے ہیں جو صرف اپنی موجودگی کا احساس دلاتے ہیں مثلاً ' سلمیٰ '، ' آصف جہاں کی بہو '، ' وہ '، ' استخارہ ' اور ' پردے کے پیچھے ' کے کردار۔

ان کی تخلیقات گو سماجی مسائل کا کوئی حل تو پیش کرتی نظر نہیں آتیں مگر وہ اپنے بعد آنے والے افسانہ نگاروں کو ایک نئی راہ ضرور دکھا گئیں اور اس راہ پر چلنے کے بعد انھوں نے اُردو ادب کو شہرۂ آفاق شاہکار عطا کیے۔

رشید جہاں کے جملہ افسانوں، ڈراموں اور مضمون کا مطالعہ کرنے کے بعد اس حقیقت سے انکار نہیں کیا جا سکتا کہ انھیں اُردو کے افسانوی ادب میں صفِ اوّل کے لکھنے والوں میں جگہ نہیں دی جا سکتی۔ انھوں نے صرف بیس بائیس افسانے لکھے ہیں جن میں سے کوئی ایک افسانہ بھی اس معیار کا نہیں ہے، جس کو اُردو کے شاہکار افسانوں کے ساتھ رکھا جا سکے۔ ان افسانوں میں کوئی زندہ رہ جانے والا کردار بھی نہیں ملتا۔ اسی طرح ان کے تقریباً نصف درجن ایکانکی ڈراموں میں سے کوئی بھی اس صنف کے شاہکار کا

درجہ نہیں رکھتا اور مضمون تو انھوں نے صرف ایک ہی لکھا ہے۔ ظاہر ہے اس ایک مضمون کی بنیاد پر مضمون نگاروں میں ان کا شمار کرنا ایک مضحکہ خیز بات ہوگی۔ لیکن ان سب باتوں سے یہ نتیجہ اخذ کرنا بھی مناسب نہیں کہ رشید جہاں ایک غیر اہم ادیبہ تھیں۔ بغور دیکھا جائے تو یہ بات آئینہ ہے کہ بحیثیت مجموعی رشید جہاں نے اردو کے افسانوی ادب میں اہم اضافہ کیا ہے۔ انھوں نے سماجی اور انقلابی حقیقت نگاری کی اس روایت کے استحکام کے خصوص میں زبردست رول انجام دیا جسے ان سے پہلے صرف پریم چند ہی نے اپنایا تھا بقول ڈاکٹر قمر رئیس:

> "اردو میں پہلی بار ایک انقلابی اور سائنسی ذہن رکھنے والی خاتون نے زندگی کو اس کے تاریخی اور مادی عوامل کے تناظر میں دیکھا۔ اس لیے ان کی نظر ان پہلوؤں پر بھی گئی جن پر نہ صرف مرد بلکہ خاتون افسانہ نگاروں کی رسائی بھی نہیں ہو سکی تھی۔ یہی وجہ ہے کہ ان کے افسانوں میں ہیرو کے بجائے، ہیروئن کا کردار ہی نمایاں نظر آتا ہے اور یہ ہیروئن پچھلے دور کی طرح صرف اخلاق و تہذیب یا صبر و قناعت اور ایثار کی مورتی نہیں ــــ نہ ہی وہ مظلومی کا رحم طلب مجسمہ ہے اس کے برعکس وہ بڑی خود آگاہ، خود دار اور ذہنی طور پر بیدار ہے۔ وہ اپنے انسانی حقوق سے باخبر اور عملی زندگی میں ان سے اپنی محرومی پر برہم ہے۔ وہ چلن اور روایت کو آنکھیں بند کر کے تسلیم نہیں کرتی۔ انھیں عقلیت اور انسانیت کی ایک نئی میزان پر تولتی ہے۔ وہ ظلم و جبر کے آگے جھکتی نہیں سپر نہیں ڈالتی۔"[1]

رشید جہاں انجمن ترقی پسند مصنفین کے بانیوں میں سے ایک تھیں۔ وہ ایک تاریخ ساز، دانشور اور ادیبہ تھیں۔ نئے ادب کی تعمیر و تشکیل میں ان کا بڑا حصہ رہا ہے انھوں نے ہمارے ادب کی تاریخ بنائی اور آج وہ خود ہمارے ادب کی تاریخ کا حصہ ہیں!

***

---

[1] ڈاکٹر قمر رئیس۔ مقدمہ 'وہ' اور دوسرے افسانے۔ ڈرامے۔ دہلی ۱۹۷۷ء۔ صفحہ نمبر ۲۴۔

مآخذ

۱۔ اُردو ادب میں ترقی پسند تحریک — خلیل الرحمٰن اعظمی، علی گڑھ سنہ ۱۹۷۲ء

۲۔ ترقی پسند ادب — علی سردار جعفری، دہلی سنہ ۱۹۵۷ء

۳۔ ترقی پسند ادب — عزیز احمد، دہلی سنہ ۱۹۷۸ء

۴۔ ترقی پسند تحریک اور اُردو افسانہ — ڈاکٹر صادق، دہلی سنہ ۱۹۸۱ء

۵۔ ترقی پسند تحریک: ایک جائزہ — ہنس راج رہبر، دہلی سنہ ۱۹۶۷ء

۶۔ روشنائی — سجاد ظہیر، دہلی سنہ ۱۹۵۹ء

۷۔ شعلۂ جوالہ — رشید جہاں، لکھنؤ۔ سن اشاعت درج نہیں

۸۔ عورت اور دیگر افسانے — رشید جہاں، لاہور سنہ ۱۹۳۷ء

۹۔ وہ اور دوسرے افسانے و ڈرامے — رشید جہاں، یادگار کمیٹی۔ دہلی سنہ ۱۹۷۷ء

۱۰۔ نیا افسانہ — وقار عظیم، دہلی سنہ ۱۹۷۸ء

۱۱۔ فنِ افسانہ نگاری — وقار عظیم، علی گڑھ، سن اشاعت درج نہیں

۱۲۔ ادب کا مطالعہ — اطہر پرویز، علی گڑھ سنہ ۱۹۷۱ء

۱۳۔ اُردو افسانہ تحقیق و تنقید — ڈاکٹر انوار احمد، ملتان سنہ ۱۹۸۸ء

رسائل، جرائد و اخبارات

۱۔ نگار — ماہنامہ — نیاز فتح پوری، دسمبر سنہ ۱۹۵۰ء

۲۔ انڈین لٹریچر (انگریزی) — کتابچہ — ساہتیہ اکیڈمی نئی دہلی، جولائی۔ اگست سنہ ۱۹۸۷ء

۳۔ جامعہ — ماہنامہ — مدیر سید عابد حسین، دہلی، فروری سنہ ۱۹۳۲ء

۴۔ قومی آواز — روزنامہ — دہلی سنہ ۱۹۸۴ء

۵۔ قومی آواز — روزنامہ — دہلی سنہ ۱۹۹۰ء

۶۔ طلوعِ افکار — ماہنامہ — مدیر حسین انجم کراچی، فروری سنہ ۱۹۸۸ء

۷۔	سچ	ہفتہ وار	مدیر عبدالماجد دریابادی، لکھنؤ۔ فروری، مارچ اپریل ۱۹۳۲ء کے مختلف شمارے
۸۔	شاہراہ	ماہنامہ	مرتب پرکاش پنڈت، دہلی، اکتوبر ۱۹۵۲ء
۹۔	کتابچہ (انگریزی)	—	رشید جہاں یادگار کمیٹی، دہلی ۱۹۷۵ء
۱۰۔	مسلم یونیورسٹی ویمنز کالج میگزین	سالنامہ	مدیر شہناز ہاشمی، علی گڑھ، ۸۳-۱۹۸۲ء
۱۱۔	آج کل	ماہنامہ	دہلی۔ اکتوبر ۱۹۵۲ء
۱۲۔	چہار رنگ	”	دہلی۔ اپریل ۱۹۹۱ء
۱۳۔	نقوش شخصیات نمبر		
۱۴۔	نیا سفر	شمارہ نمبر ۲	مرتب ڈاکٹر قمر رئیس، نئی دہلی ۱۹۹۳ء
۱۵۔	” ”	شمارہ نمبر ۳	” ” ” ” ۱۹۹۴ء
۱۶۔	چنگاری	ماہنامہ	مدیر انیس احمد خاں، اگست ۱۹۸۲ء
۱۷۔	”	”	مدیرہ رشید جہاں، فروری ۱۹۳۹ء
۱۸۔	انگارے کی مدافعت میں	مضمون	محمود الظفر، دہلی، اپریل ۱۹۳۳ء
۱۹۔	سب رس ترقی پسند نمبر	ماہنامہ	مدیر۔ پروفیسر محی الدین قادری زور حیدر آباد۔ جولائی ۱۹۴۴ء

۲۰۔ فن اور شخصیت، آپ بیتی نمبر۔